自然唤醒童心
科技燃亮未来

尹欢华 ◎ 著

上海教育出版社
SHANGHAI EDUCATIONAL
PUBLISHING HOUSE

洞见真实可能的教育立场

一直以来,我总在思考一个看似简单却难以言表的问题,那就是:"什么是教育? 什么是教育的原点?"关于这两个问题,答案可以有无数个。

西方有位智者认为:"教育就是你学过的知识,在过了很多年淡忘之后所剩下的那些东西。教育的原点是什么? 教育的原点就是关注孩子,给予他们智慧和能力,为他们一生的幸福、一生的发展奠定基础。"

我和我园的教师们经常讨论这样的问题:"我园的科技教育是什么? 我们要给我们的孩子带去什么?"从 20 世纪 90 年代开始,围绕这两个问题,我们在幼儿科技教育领域不断探索。近 30 年过去了,漕泾幼儿园的教师在不断更替,但我们的科技特色目标和理想始终没有改变或动摇。尽管科技教育不会给我们的孩子带来立竿见影的智慧和能力,我们还是坚持不懈地探索至今。我们之所以要坚持不懈,是因为通过这些年的研究,我们明白了一个道理:科学探究是孩子了解生命、认识世界的一种方式,它带给孩子的不仅是科学素养的提升,还能让探究由一种普通教学方法转化为一种学习、活动的习惯以及生活能力。这种品质,不仅仅是孩子所需要的,也是教师所应具备的。我感觉,这就是教育的原点。

因为认识到了教育的原点,认识到了科技教育的成效,所以我们一直把科技教育作为我园的办园特色。特色的形成绝非一蹴而就,它需要在积淀的基础上传承。这么多年过去了,我园始终以"幼儿科技教育"为主线。无论是办园理念的确定、特色课程的开发,还是教育资源的挖掘和环境的创设,我们都以回归教育原点为目标,把握办园特色与幼儿园发展的关系,把握办园特色与课程建设的关系,把握办园特色与环境创设的关系。

同时,我们深切体会到了教育科研是何其重要的一件事情,更体会到了幼儿园教育科研的生命活力在于深深地扎根于教育实践的土壤中并在教育实践的土壤中生根、开花、结果。因此,我们在科技教育的研究中力求办园的高起点发展,在主攻目标的实现中促进科技特色的突破性发展,在"全经验"探究课程的构建中推动办园的整体性发展,在教育科研过程的优化中形成办园的综合高效发展。我们以科技资源库开发利用的主题化、活动方法的多样化、任务驱动的活动模式、任务驱动的教学模式为实施策略,明晰了幼儿科技教育的价值取向,厘清了幼儿科技教育的内涵与外延,提出了幼儿科技教育的目标与内容,探索了幼儿科技教育的组织与实施,制订了幼儿科技教育的评价指标体系,孕育了一批善于从事幼儿科技教育的教师,开发了幼儿科技教育的区级教师培训课程,提出了基于"任务情境"和"问题情境"

的两大科技教育活动模式,实践了"四五七"项目化学习的科技教育框架,形成了"漕泾幼儿园孩子的 36 件童年小事"田野探究活动方案。

在我的脑海里一直期望有一种理想的课程:自由探索的课堂及阳光下的孩子。自然的、真实的探究情境能给孩子独特的经历。孩子经历之后会怎样呢? 经历之后获得的是经验。

在通往理想课程的道路上,我越来越清晰地看到科技教育带给孩子的那种经历和经验。当然,它的好还不仅仅限于此,它的好还在于它顺应了孩子的"最近发展区",顺应了教育的真实和可能。于是,"自然触碰,为了孩子的一百种惊奇和探索"成为我园理想课程的愿景。"自然触碰"这样一个课程理念的确定,是基于一年比一年更加理解孩子对探究的喜欢,也表明了我对科技教育的坚持和热爱。

目　　录

下篇　回归——走出教室,到田野中去学习

上篇

缘起——直面挑战，从常识教育到幼儿科技

现代社会的高速发展,把无处不在的科学技术渗透到了幼儿的日常生活之中。幼儿就是在这种"自然而然"的环境中,感受着科技与生活的关系,体验着科学技术给生活带来的变化。因此,顺应时代的呼唤,开展幼儿科技教育,是幼儿园必须面对的挑战,也是幼儿发展的需要。

第一章　基于科学启蒙的幼儿科技教育

我园的幼儿科技教育经历了常识教育、科学启蒙、科技教育三个阶段。科技教育的最终目的是促进幼儿的终身发展，为幼儿的未来奠基。他们虽然年幼，但他们对生活、对世界、对未来是充满幻想的。因此，在进行科技教育时，我们应把"以幼儿为本"的观念贯穿教育的始终，在带领幼儿感受科技的神奇与美妙时，更应站在幼儿的角度去发现和探寻，即以幼儿为基，培养他们的创新精神和动手操作能力。

第一节　幼儿科技教育之前的常识教育

用历史的眼光看，学龄前儿童的自然常识教育从人类来到世界之后就开始了。从近代历史发展的情况来看，1982 年，全国幼儿园教材编写组受教育部的委托，根据《幼儿园教育纲要》（试行草案）编写了《幼儿园教材（教师用书）系列》，这套教材包括体育、语言、常识、计算、美术、音乐和游戏等 7 种（9 册）。幼儿园常识教材分小、中、大班三个年龄段，每组教材还有儿歌、谜语、故事、智力游戏和小实验以及教法的提示。

这套常识教材就是幼儿科技教育的前身。从 1982 年到 1994 年的 12 年间，这套常识教材为我园落实幼儿常识教学提供了政策性和实践性支持。

我园幼儿常识教育主要通过观察、种植、饲养、小实验、智力游戏和日常生活等活动来进行。在让幼儿获得直接经验的基础上还运用了儿歌、谜语、故事等手段加以巩固，指导幼儿运用多种感官获得直接的知识和体验，养成手脑并用的习惯，从而发展了他们的智力、才能。我园通常采取以下的教法。

一、观察

观察是通过各种感觉器官感知事物并获得关于事物或现象的感性认识。它不仅是幼儿认识世界、获得知识、发展智力的重要途径，也是幼儿园开展常识教育的主要方法之一。

幼儿在日常生活、游戏、散步时，常常在没有教师的指导下自发地、专心致志地去观察某一事物或现象，如观察蚂蚁找到一团饭粒后，如何引来许多蚂蚁，一起把食物搬进洞里。在幼儿自发的观察中，我们能明显看出他们的求知欲和对自然与社会的兴趣。因此，教师应把握时机,给予幼儿正确的引导,并创造必要的条件,让幼儿与社会、自然有更多的接触,丰富他们对自然和社会的印象,发展智力。

教师可有目的、有计划、有组织地组织幼儿观察。一般可以分为以下几种:

1. 对个别物体的观察。在一定时间内,组织幼儿观察某一物体或现象,如认识苹果等,使幼儿通过感官对其主要特征有粗浅的认识。

2. 比较观察。在一定时间内,组织幼儿观察两个(种)或两个(种)以上的物体或现象,比较它们的不同点和相同点,并进行分析、比较、判断、思考,从而能更正确、细致、完整地认识事物,这种观察有助于发展幼儿的观察力和思考力。例如,中班幼儿在认识鸡的基础上再观察鸭,教师指导幼儿从它们的外形特征(如头部、嘴、羽毛、脚等方面),比较其明显的不同点。这样既加深幼儿对鸡、鸭的认识,又发展幼儿的观察力。大班则进一步比较鸡、鸭、鹅的共同点,并将它们归类,从而知道它们都是家禽。

3. 长期系统观察。在较长的时间内,组织幼儿对某一物体或现象的变化和发展进行持续的、系统的观察,使幼儿了解其生长变化和发展的全过程,从而形成较完整的认识。如春天养蚕时,有意识组织幼儿观察蚕卵怎样变成蚁蚕,蚁蚕怎样吃桑叶,又怎样经过休眠、蜕皮,逐渐长大,然后吐丝、做茧,变成蚕蛹,最后咬破蚕茧变成蚕蛾,蚕蛾又产卵……

小班幼儿主要进行个别物体观察,中、大班幼儿应进行比较观察和长期系统观察等。

为了使观察能取得良好的效果,要充分做好准备工作。首先,确定观察目的,选好观察对象。观察对象最好是实物,也可以利用图片、标本、模型、幻灯片等直观教具。最好以实物为主,其他直观教具为辅,以补充实物不易观察到的部分。例如,观察鱼时,鱼在水里游动时很难看清,也不便于教师逐一指点。如能同时辅以鱼的放大图片或幻灯片,让幼儿能清楚地看到鱼头、鱼身、鱼尾和鳃的部位及形状,那么幼儿的认识将会更正确和全面。

观察的对象应为具有明显、典型特征的事物。例如,观察公鸡时应选择鸡冠大且身体健壮、羽毛美丽的。观察对象所放置的位置应以每个幼儿都能清楚看到为好。较大的观察对象,全班可观察同一教具,较小的观察对象应多准备一些,力求每小组一件或每人一件。

观察可在室内或室外开展,且尽可能在自然条件下进行。教师在确定观察对象和要求后,要了解和熟悉观察对象的特点,掌握有关的知识和技能。同时,要结合本班幼儿的认知能力、观察水平,拟定观察计划,明确观察的重点、顺序,周密考虑怎样引起幼儿观察的兴趣、如何启发幼儿积极思考等。

教师指导幼儿观察,首先要集中幼儿的注意力,激发幼儿观察的兴趣,明确观察的内容、任务和要求,使观察活动从开始就具有明确的目的性。教师的语言要简明、生动,可以使用图片或提出能引起幼儿思考的问题等,时间不宜长,以便幼儿能够很快开始观察。

在观察活动中,教师要以极大的兴趣和幼儿共同观察,以感染幼儿的情绪。根据观察的目的,教师要有步骤地进行指导,不断提出启发性问题,引导幼儿有顺序地观察。教师所提的问题主要是为了使幼儿始终把注意力集中在观察对象上,不一定要求幼儿立即回答。同时，教师还应引导幼儿先概略地观察事物的整体，然后细微地观察局部，从明显的特征到不明显的特征，从上到下，从头到尾，从外到里地进行观察。给予幼儿充分的观察时间，使幼儿根据教师的提问去观察、比较、分析和思考，并按照观察的目的和对象的特点，组织幼儿充分运用各种感官直接感知实物。不仅让幼儿看一看，凡是能听、能闻、能尝、能摸、能操作的都让幼儿尝试，从而促进幼儿感知觉的发展，加深对观察对象的认识。

在观察中，要鼓励幼儿积极提问。提问表明幼儿在积极思考，是幼儿求知欲的表现。幼儿的问题往往是多种多样的，而且非常有趣。教师应根据幼儿的提问，引导他们深入观察，不必急于解答。凡幼儿能在观察中得到答案的，应引导幼儿自己寻求答案，或让其他幼儿相互解答。只有当他们找不到答案，或回答得不正确时，教师才给予帮助，作出正确的解释。有的问题，是需要在以后的观察中才能得到答案的，应启发幼儿今后注意观察，逐渐寻求答案。有些问题是他们现在还不能理解的，不应当简单化地解释某些复杂的现象，应告诉幼儿这些问题等他们上学以后会逐渐懂得的。如果是教师不知道的问题，不要回避，可以向幼儿解释，等老师向别人请教或在书中找到答案后再告诉大家。这样，可以培养幼儿尊重科学的态度。此外，还要注意发展幼儿的语言能力，学习正确发音，丰富幼儿词汇，培养幼儿能独立用完整、生动的语言表达思想，切忌呆板地背诵教师概述的语句。

观察结束时，为巩固幼儿在观察中获得的印象，小、中班一般可由教师根据观察的要求进行小结，大班幼儿可逐步学会独立地作小结。教师还可用朗诵儿歌、猜谜语、唱歌等方式结束观察。

有些观察活动，如参观附近的粮店、商店、缝纫店、邮局、养猪场等，教师要先与参观单位的有关人员联系，说明参观的目的和内容，确定参观的时间和计划，以取得他们的支持和配合。参观前几天，要与幼儿作简短谈话，引起幼儿对参观的期望。出发前，教师再次向幼儿说明参观的地点、内容和要求。到达目的地后，要尽力排除各种干扰，使幼儿集中注意力仔细观察。参观后，教师应及时组织大班幼儿进行总结性谈话，以巩固参观中获得的印象，使幼儿对事物有正确的认识和态度。同时引导幼儿围绕一个主题进行谈话，以发展幼儿的口语表达能力。谈话前，教师应个别了解幼儿对参观的印象，可用图片、幻灯片、故事等方式进一步加深其参观的印象。谈话时，教师要用生动的语言、图片、儿歌或谜语等激发幼儿对参观经历的回忆和谈话的兴趣，让幼儿将自己对观察的印象说出来。此外，教师还要培养幼儿按照题目的中心去思考和谈话的能力，鼓励幼儿运用自己在观察中学到的新词汇，帮助幼儿养成仔细地倾听和不打断别人谈话的好习惯。当别人讲得不对或不全面时，幼儿能大胆补充自己的看法。教师应尽量让全班的幼儿都有谈话的机会，对不爱发言的幼儿应给他们更多发言的机会，不要总让少数能力强的幼儿发言。对谈话中反映出的某些概念不清或口语表达不清楚、不完整的地方，教师应引导幼儿进行纠正和补充。结束时，教师要用简明、生动的语言概述幼儿谈话的内容，对幼儿谈话的情况作评议，鼓励积极发言的幼儿。有时可用有关的诗歌、儿歌、谜语或歌曲结束。

散步是幼儿接触社会和自然的好时机,可在这时组织幼儿观察。这种观察活动的特点是时间短且比较自由。幼儿可以随便走走、停停、玩玩、看看、讲讲,散步中的观察可以巩固和加深已有的知识。如果幼儿已认识了塑料制品,散步时可带领幼儿到附近的商店观察塑料制品的橱窗,让幼儿找一找哪些是塑料制品,以丰富和巩固幼儿的知识。教师可以有计划地组织幼儿观察四季植物的变化。教师要善于抓住时机灵活地引导幼儿观察,如观察雨过天晴后的彩虹、蜜蜂在花丛中采蜜、燕子南飞等。但是在散步中,幼儿更多的是随意观察。教师应注意了解他们对哪些东西感兴趣,如仔细地倾听他们的谈话,并给以正确的引导。

二、种植与饲养

教师应组织幼儿参加一些力所能及的种植劳动和饲养小动物的劳动,培养他们对观察动植物生长的兴趣,增长有关的知识和技能,体验劳动的愉快,珍惜劳动成果。

幼儿园要因地制宜开辟小园地,种植一些常见的易于管理的花草、蔬菜等。要根据不同年龄段提出不同的要求。小班在教师帮助下学习种一两种易于生长的植物,如葱、蒜、豆苗等;中班可种植几种容易栽培的植物,如向日葵、宝石花、一串红、牵牛花等;大班还可以移植容易栽种的菜秧、花秧等,并参加力所能及的园地劳动。

整地、做畦等较重的劳动由成人完成,应组织幼儿在旁边观察。大班幼儿可参加捡石块、拔杂草等简单劳动。

种植前,教师应制订种植计划,周密考虑怎样组织幼儿,如何示范、讲解,估计哪些幼儿会有困难,应如何帮助,并且要准备好需要的种子、秧苗与工具。还要向幼儿介绍种子或秧苗的名称,引导幼儿观察其主要特征,最好能分发给每个幼儿仔细看看、摸摸、闻闻,使幼儿对各种种子有深刻印象。然后示范种植的方法:教师所在的位置要适中,动作要准确,步骤要清楚,要求要明确。最后分发劳动工具、种子或秧苗。

幼儿种植时,教师要巡回指导,发现问题时要及时帮助幼儿解决。如发现多数幼儿尚未掌握种植的步骤或方法时,可再向全体幼儿讲解,重点示范某一步骤或全过程。教师也可以先让一个小组的幼儿种植,其他幼儿观看,教师重点指导。在其他幼儿种植时,可以请他们检查和帮助种植,教师可更多地指导能力差的幼儿。教师要鼓励幼儿克服困难,并给予帮助,使幼儿有始有终地完成种植任务。同时,注意观察在劳动中幼儿的相互关系和劳动态度。

当全体幼儿完成种植任务后,教师应简短评价幼儿在劳动中的表现,交代今后如何管理,激发幼儿经常关心和观察其生长变化的兴趣。

安排和组织幼儿管理好园地,是一项十分细致而有意义的工作。种而不管,半途而废,对幼儿发展十分有害。因此,教师要鼓励和组织幼儿关心、爱护作物,不能损害破坏,并有计划地安排值日生浇水,必要时带领全班或一个小组的幼儿参加施肥、捉虫、拔草、整枝、搭架等劳动。最后,大家一起收获劳动的果实。

同时，教师应鼓励幼儿经常观察和谈论作物生长、变化的过程。如什么时候发芽、长叶、开花、结果，最后怎样枯黄的。大班幼儿可以用图画的方式做观察日记，把植物生长变化的过程记录下来。

没有条件开辟园地的幼儿园，可以用花盆、木箱子、罐头盒等废旧器皿为幼儿创造种植的条件。

幼儿园里还要因地制宜地为幼儿创设饲养场地或饲养角，可设置养鱼缸、饲养笼或建饲养棚，并选择一些常见的、易于照顾的小动物进行饲养。饲养小动物要注意加强管理，每天做好清扫工作，有时可由成人带领大班幼儿共同完成。

饲养过程中，可经常组织幼儿观察小动物的外形特征、有趣的生活习性和生长动态，并让幼儿参与一部分喂养工作，做力所能及的劳动，如为小兔拔草，为鸡、鸭备食，等等，教育幼儿爱护小动物。

自然角是在幼儿园各班活动室或校园里开辟的一角，可陈列一些适合室内生长又易于管理的植物，饲养一些易于照顾的小动物，如鱼、虾、蟹、蚕、蝌蚪等，供幼儿观察动植物的生长变化过程，并学习管理及饲养的知识和技能。夏秋季节室内温度较高，可将自然角移到室外。

自然角陈列的内容，各班应根据常识教育的内容因地制宜地选定，并随着季节变化不断更换，如秋季的盆景选菊花，到冬季改换为水仙花。小班自然角的动植物，品种不宜太多。小班没有固定的值日生，可引导幼儿观察成人是怎样照顾的，也可请个别幼儿帮忙。中、大班最好由幼儿轮流值日（二三人值一天），编组时要将能力强的和能力差的、细心的和不细心的、懂得爱护动植物的和不懂得爱护动植物的幼儿搭配起来。教师应始终对自然角的各种动植物的生长抱以极大的关心和爱护，并以这种态度去影响幼儿，如经常提出一些启发性的问题，引导幼儿观察的兴趣和探索知识的欲望。可让幼儿边看边议，既能发展幼儿的语言能力，又可了解他们的情况，必要时给以指导。

教师要鼓励全班幼儿关心自然角，并经常将园地和散步时收集的材料布置在自然角里，如把捉到的小昆虫放在瓶子或笼子里。也可在家长的支持下，为幼儿提供一些小瓶、小罐、花草种子或小鱼、小虾、河蚌、泥鳅、蟹等小动物，使自然角的内容不断充实和更新。

三、小实验

幼儿园的小实验不同于中小学的实验，不要求幼儿通过实验掌握某种科学原理和概念。这些小实验带有游戏的性质，以幼儿日常生活所接触的事物与现象为内容，运用有关材料，通过幼儿亲自操作，在一定的时间内，使一些事物或现象的某些特性或变化，明显地呈现在幼儿眼前，供幼儿观察。如中班的小实验：水变冰，冰变水，就能使幼儿直接观察到水的变化。这样不仅能使幼儿获得一些粗浅的知识、技能，而且能引起幼儿对科学的兴趣，促使他们产生探索周围事物的愿望。同时，通过幼儿亲自动手做一做、试一试，培养他们手脑并用的习惯。

小实验的内容要浅显,能为幼儿所理解。其形式要生动、有趣,让幼儿做做玩玩,带有游戏的性质。如"磁铁能吸起什么"的小实验,就让幼儿在实验中边做边玩,在玩中增长了知识,激发了他们对科学的兴趣。

实验使用的材料要简单,因地制宜,并保证安全。教师可和幼儿一起收集废旧物品供实验用。

小实验可以在课内,也可以在课外进行。可以组织全班或小组幼儿参加,也可以分散地进行。

实验前,教师可和幼儿一起收集必需的材料和用具。教师应熟悉实验的方法、步骤,以便发现问题并及时修改,保证实验正确、顺利地进行。实验时,教师要用游戏的口吻引出实验的内容,向幼儿提出观察的重点。一般先由教师演示,可以边演示、边讲解,让幼儿看清教师的操作,观察发生了什么变化。必要时教师可对实验中所显示的某种科学现象进行提示或讲解,但必须浅显易懂,符合幼儿的认识水平,尽量不要使用专用名词术语,更不能就某些科学现象推论某一科学概念或结论,还让幼儿死记硬背。教师演示后,应尽可能让幼儿亲自做实验。有的小实验简便易行,教师可根据幼儿的能力稍加说明,由幼儿自己去探索并得出结果。

在幼儿做实验时,教师要巡回指导,教会幼儿操作,一次不成,反复多次,直至学会为止。要启发幼儿边做、边观察、边思考,鼓励他们提问和说出观察到的现象或实验结果。

活动室的一角可设一张桌子或在自然角、玩具柜的一角放一些用具和材料,供幼儿在日常生活或游戏时自由选择。有的是教师做实验时用过的;有的是幼儿在日常生活中熟悉的或感兴趣的材料,如放大镜、磁铁、钉子、锤子、肥皂片、小瓶、小竹管、齿轮、镜子、电池、电珠、指南针、弹簧、轮子、石头、彩色玻璃纸片等。教师可组织幼儿共同搜集,并经常补充和更换材料,以不断丰富实验的内容,使幼儿感到新鲜、有趣。凡供幼儿使用的材料,都要确保其安全与卫生。

四、智力游戏

智力游戏是常识教育的重要方法。寓教育于游戏之中是幼儿最易接受的方式,尤其是对年龄较小和智力发展较迟缓的幼儿效果更好。智力游戏可在全班玩,也可分组玩;可在上课时进行,也可在课外进行。

教师应根据常识教育的内容和要求,选编适合的游戏,准备必要的教具和游戏材料。可让大班幼儿参加一些准备和制作工作,如为"配对"游戏制作各种动物、蔬菜、水果等卡片,可让幼儿自己绘制,也可由教师提供旧图书、图片等让幼儿剪贴,使他们从小养成自己动手的良好习惯。

教新游戏或出现新的智力玩具时,教师应向幼儿介绍游戏(或玩具)的名称、玩法和规则,并做必要的示范。游戏规则是顺利进行游戏和完成常识教育任务的保证,教师要教育幼儿严格遵守游戏规则。有的游戏(如下棋等)可以先教一个小组或个别幼儿玩,然后让全班幼儿互教互学。

通过上述教学方法以及合适的教育引导,幼儿能够积累科学常识并形成早期经验,即幼儿能在活动中,通过他们的观察、操作,直接感知和接触周围世界的事物获得经验。这些经验一般都是来源于幼儿在日常生活中的各种活动,反映了幼儿所接触的环境和他们感兴趣的事物。对于幼儿来说,这些早期经验就是他们所经历的事件,是他们所感知的事物给他们留下的印象。常识教育为幼儿积累了早期的科学经验。早期科学经验的获得既丰富了幼儿的生活内容,使幼儿的生活富于生气和活力,也有益于幼儿的心理和智力发展。

因此,可以这么说,我园在1996年之前进行的幼儿常识教育,是日后幼儿科技教育的萌芽,为幼儿科学启蒙教育提供了理论和实践基础。

第二节 有利于幼儿发展的科技教育

一、关于幼儿科学教育的提出

进入20世纪90年代,不少国家不约而同地加强了从幼儿园开始的科学教育。我国幼儿园几十年来一直沿用的"常识课"也开始被"科学教育"所取代。

从常识课到科学教育,主要在以下七个方面发生了变化:一是教育的理念;二是教学目标和内容;三是教师和幼儿、幼儿和幼儿之间的关系;四是教学模式;五是采用的教学途径、手段、方法;六是学习的阵地和载体;七是教育者的范围。这些变化正是传统的幼儿常识教学向现代幼儿科学教育转变的标志。

这些变化产生的根源在于观念的转变。常识教育就是将幼儿日常感受到的、平常的、普通的道理,传授给幼儿,它较多的是依靠幼儿对生活经验的积累形成的直觉和认识过程中运用的一些观察、感知之类的方法。而科学则是一种人类的认识活动,它总是借助于一定的研究方法,不仅是观察和感知——这是生活经验积累中经常使用的,而且主要借助于归纳、演绎、实验和数学分析等方法。对幼儿进行科学教育,将使幼儿逐步提升经验,改变单纯依靠感知了解生活、认识生活的情况,使其认识的生活、积累的经验有条理、能定量、比较接近规律。这就自然而然带来了能不能对幼儿进行科学教育的问题。从幼儿常识教育到幼儿科学教育的转变,打破了幼儿学科学、做科学、用科学的神秘感,打破了科学深奥、抽象,未必能被幼儿掌握的传统观念。

与常识教育相比,幼儿科学教育有几个显著特点:在教育目标方面,它以培养全体幼儿的科学素养为宗旨,其出发点和归宿都是促进每个幼儿在各自水平上的发展,不仅帮助幼儿学习科学知识和技能,更关注的是启蒙幼儿的科学精神、科学态度、科学兴趣,帮助他们掌握科学方法,培养学科学、做科学、用科学的能力和行为习惯。

在教育内容方面,它以幼儿"身边的科学事物和现象"为教育内容,即从幼儿生活中看得见、摸得着、经历过、感受得到的科技成果与产品,以及这些产品对家庭生活和个人带来的影响为着眼点,组织教学内容,让幼儿充分理解现代科技与社会进步、与人类生活质量提高的密切关系。它强调以各种科学信息充实幼儿头脑,让幼儿在"充分占有信息"的基础上逐步提高对科学的兴趣和亲和力。

在教学方法上,它强调探索、实践,是一种"任务(问题)和方法"的教育,强调幼儿在科学探索活动中学习,让幼儿主动参与,在主动活动中自己感悟知识,掌握学习方法。它要求教师利用各种教育教学活动"渗透"科学信息,特别强调科学教育需要从小开发,形成从学前教育到高中教育的"一条龙",以发挥科学教育幼(儿)—小(学)—初(中)—高(中)衔接的优势。在教学手段上,它强调合理组织各种科学教育媒体,充分发挥各种教育手段的交互作用。它认为科学发现室(探索室)是幼儿学习科学的重要阵地,要将各种教学途径、手段、方法糅合在一起,形成教育合力,并使之渗透在幼儿的全部科学学习中。

二、关于幼儿科技教育的提出

幼儿园的科学教育虽对传统的常识教育进行了改革,在科学教育中渗透了现代科技的内容,并且开始注重强调幼儿的科学探索,重视幼儿的动手操作。但在实践中,我们往往忽视科学发现与技术之间的联系。实际上技术是应用科学知识解决做什么、怎么做的问题。科学与技术是相互联系、密不可分的。

在实践中,我们将 STS 理论引进科学活动中。STS 是英文科学、技术、社会的缩写。在刚开始涉及科学与技术相结合的理论的学习时,教师们会很疑惑:科技教育是要否定原有的科学教育吗? 或把技术理解为是一种高精尖的技术,幼儿园怎么可能进行? 事实上,幼儿园的科技教育并不是对原有科学教育的否定,而是更好地将幼儿的探索发现与制作技能有机地联系起来,使幼儿更形象地感知到具体物化的科学技术,为其今后在实际生活中更好地运用科学技术打下基础。

这里的科技指的不是抽象意义上高不可及的科技,而是幼儿能理解、能操作的科技,它既可以是认识对象所含有的技术因素,也包括幼儿使用科技产品时的应用技术,如认识和使用科技产品、常用工具的技术,制作简易科技小玩具的技术,日常学习、生活中的一些科学的行为、习惯等。这种科技的获得并不是建立在概念基础上的,而是立足于科学探索,立足于动手操作,从而使幼儿体会到科学知识的运用及技术的实际作用。

在选择幼儿科技教育内容时,我们并不完全追求全新的内容,更不要求幼儿了解概念层次上的科技,而是让幼儿认识一些生活中常用、常见的技术产品,理解、体会科学技术对我们生活的巨大影响。因此,选择的内容要贴近幼儿的生活,凡是幼儿能看到的、用到的、能理解的,包括衣食住行玩中的科技都可成为我们的教育内容。只有这样,在接触到具体的实物时,幼儿才会更深刻、更直接地感受到:科技无处不在。

在选择教育内容时,既可以沿用"二期课改"中的一些内容,又要挖掘一些新的内容。如既保留"探索物体的属性与现象"这一部分的内容,还可以增加运用已获得的科学经验进行创造性制作的内容,以此让幼儿创造、展现他们眼中的"新产品"。同时,重点引导幼儿在操作活动中获取相关的技术,并发现蕴含在其中的科学原理。总之,无论选择什么样的教育教学内容,都可以将科学发现与制作技术紧密联系在一起,使之成为一个有机、统一的整体。

三、渗透在一日活动中的科技教育

上海的课程改革强调以儿童发展为本的理念,在课程结构上有所突破,倾向于主题性课程。根据课改理念及实践探索,我园以综合化的形式组织和实施科技教育,即将科技教育渗透于一日活动中"运动、生活、学习、游戏"的四大板块。在学习活动中,教师们觉得科技内容的整合不管是从理论上讲还是从实践中看都能有意识地进行整合,但怎样使科技内容在其他三个领域中进行有机的整合是需要教师们努力探索的问题。

（一）在运动中渗透科技教育

在一日活动的形态中,运动(以幼儿户外体育活动为主)是一个非常重要的环节。《幼儿园工作规程》第十九条指出:积极开展适合幼儿的体育活动,每日户外体育活动不得少于一小时。实践证明在户外自然环境中锻炼,能发展幼儿的各种基本动作,促进幼儿正常生长发育,增强体质,提高健康水平,为儿童发展提供良好的物质基础。同时,户外体育活动对发展幼儿智力、增长知识与技能、培养良好的道德品质等方面有着极大的作用。因此,幼儿园的户外体育活动在整个幼儿教育工作中具有不可替代的重要地位。那么如何在户外体育活动中体现科技教育特色,使科技教育与户外体育活动有机结合呢? 我们采取了如下措施。

1. 在运动器械中渗透科技教育

（1）利用农村自然物自制体育器械

农村有着丰富的自然物资源,有许多自然物因为其普遍、耐用、坚固等特性可以被利用制作成各种体育活动的器械。例如,利用稻草的柔韧性,可将其编织成草饼、手榴弹、草棍、绳子等;利用竹子的牢固性,可将其制作成各种攀爬的竹梯等。在收集、利用及锻炼的过程中,幼儿能够了解到各种材料的基本特性,其适合制作成哪种器械。

（2）利用废旧物自制体育器械

"变废为宝"是科技教育中的一项重要内容,在制作体育器械中其更是体现突出。例如,利用纸箱做成钻桶、跳箱;纸板做成摸高物、小路;蛇皮袋做成跳跃的器械;易拉罐做成平衡木等。但是幼儿在活动中使用材料时,发现并不是所有废物拿来就能利用,在利用废物材料时必须根据它们的特性取长补短。例如,纸箱很普遍,但是其承受力有限且不耐用,教师就要引导幼儿讨论怎样弥补。通过探索，幼儿发现在制作成跳箱的纸箱里塞入废旧物品，或层层套入一些小纸箱，跳箱就不易被踩坏了。易拉罐很坚固，对脚部锻炼很有效果，但是其易划破皮肤。通过教师引导，幼儿发现可以把易拉罐上下两面用厚纸包好，并用透明胶带裹好，能使其既安全又牢固。幼儿在与体育器械的接触中，更进一步了解了各种材料的特性，也激发了幼儿收集废旧材料、探究各种材料的兴趣。而在此过程中，幼儿参与了思考、交流、评议与改进。

2. 引导幼儿在运动中自主地探索和思考

在运动中，教师可在活动的开始阶段明确提出操作要求，但不做任何指向性说明，通过向幼儿提出一些问题（所提问题要简单明了，避免过多过长），尽量把幼儿引入一般性的讨论，让幼儿有充分的探索空间和时间。如在发展幼儿跳跃能力的活动中，教师和幼儿一起准备了塑料、皮革、橡胶、布等材质的鞋子，让幼儿通过实践明确什么样的鞋子最有弹力。又如在模仿小袋鼠走路的活动中，可先组织幼儿讨论，鼓励幼儿大胆尝试各种玩法，让幼儿按自己设计的方法进行活动。幼儿有的把双脚套进布袋里，在平地上向前跳，模仿小袋鼠学走路；有的学小袋鼠过"小河"跳，跳过地上摆的一些障碍物；有的学小袋鼠钻"山洞"，跳着钻过塑料拱形门；还有的学小袋鼠跳舞，两三人一组向左右跳。由于每个动作是由幼儿根据问题展开想象自由编排出来的，因此，他们玩得十分开心。动作的难度也从简单的平地跳到较复杂的障碍跳、蹲跳、合作一起跳等。这些活动由教师提问设疑，幼儿自由发挥想象，激发了幼儿参与活动的积极性，因而收到了较好的活动效果。

3. 鼓励幼儿一物多玩，创新玩法

在开展非正规性体育活动中，教师应要求幼儿一物多玩，因为这种活动的形式、方法比较灵活，活动的主要目的是使幼儿在活动中充分想象、创造，提高幼儿活动的兴趣。例如，我们为了发展幼儿的感知觉和平衡能力，在开展非正规性体育活动时，利用梯子开展游戏。在这些游戏中，幼儿玩出了不少花样。如他们有的将梯子放在地上，赤足踏在横档上行走或手脚爬行，有的将梯子一端用一只轮胎垫高，变成斜梯，由低至高行走。在此基础上，孩子们大胆尝试，有的在斜梯上由低至高边走边转呼啦圈，有的在高梯上边走边头顶飞盘，还有的在高梯上将呼啦圈从一端滚至另一端，等等。此外，在体育活动中，可启发幼儿运用已有的经验进行验证探索或创造性探索。例如，在"小鲤鱼跳龙门"活动中，幼儿学会了双脚跳，这时，教师提出比一比看谁的玩法最好。幼儿有的用轮胎进行练习，有的用体操圈进行练习，还有的用两块方形料垫搭成"人"字形进行练习……在运动过程中，幼儿能想出各种饶有趣味的方法，其创造能力得到了充分的发挥和展现。

4. 让幼儿在相互学习中产生创造欲望

在运动中，教师可以抓住时机鼓励幼儿之间相互学习。因此，在活动中经常可以看到这样的情景：幼儿在玩某种器械时，常常是一个或几个幼儿一起玩。当一个幼儿想出了新的玩法时，其他幼儿会受到启发，能力强的幼儿则会在此基础上想出更好的办法，能力弱的幼儿则跟着学习这种方法，从而使其动作得到发展。久而久之，幼儿的创造意识就会出现，创造能力也会得到提高。另外，在活动中，教师在纠正动作时，请动作较好的幼儿示范讲解，往往会收到事半功倍的效果。正如著名儿童教育家陈鹤琴先生所说："让儿童教儿童，不仅被教者得益，教者在巩固自己所学技能的同时，也获得了发展才能的机会。"

（二）在生活活动中渗透科技教育

美国教育家杜威曾提出"教育即生活"，陈鹤琴先生也曾提出"活教育"的理论。这些教育理论都从生活这个角度论述了教育的本质，把生活和教育紧紧联系在一起，强调了教育只有渗透在生活中，以生活为单一元素，才具有意义。《幼儿科技教育概论》中指出：幼儿科技教育生活化应该成为幼儿科技教育的一个标准和原则。它的真正内涵在于教育的内容要贴近幼儿实际生活，使幼儿体验和感受到生活中的科学，发现和感受生活世界的神奇。而在我们幼儿的盥洗、点心、午睡、穿脱衣裤、值日等生活活动中，就隐含着许许多多的科技教育内容。由此可见，我们幼儿园的生活活动其实就是幼儿接受科技教育的最佳活动场所之一，把幼儿科技教育渗透于幼儿生活活动中是势在必行的。

我园教师在幼儿的一日生活活动中非常注意科技内容的渗透。如每个班都有一个自然角。孩子们每天早上来园所做的第一件事情就是给自然角中的植物浇水。为自然角中的植物浇水对孩子们来说是一件很容易的事情。他们可以随手拿一个可装水的容器来浇水，如饮料罐、一次性杯子、小桶等。一次，大（3）班的一个孩子在给自然角里的植物浇水时，突然想到了家里奶奶浇水的情景，就对小伙伴们说开了。在他的启发下，孩子们开始议论洒水桶的事情。在讨论中，大家都对洒水桶的莲蓬头所洒出来的水感兴趣，都认为洒水桶洒出来的水像雨一样，非常好看。这时，教师马上抓住时机，问孩子们愿不愿意自己设计制作一个洒水桶。孩子们的动手欲望很强烈，都非常乐意。第二天就有小朋友带来了各种制作的材料和工具……

让孩子们自己制作洒水桶不但发展了幼儿的动手能力，而且在制作过程中，孩子们可以习得各种知识和技能，如材料选择、经验综合、认识并使用各种工具、避免安全隐患、材料组合、相互合作……大（3）班的"洒水桶"主题活动前后进行了近一个月。这看似简单的一件事情其实有很多科技含量。光在使用工具和材料时的技术性问题上，就有以下几个方面：

1. 使用酒精灯、打火机的技术：使用时注意不要让火灼伤自己，酒精灯要放平稳，打火机不要太贴近自己和同伴的脸部，让幼儿习得正确使用酒精灯和打火机的技术。此外还有如烧烫的钉子只能用钳子夹，不能用手直接碰触；用完之后，放在指定的水槽内，避免烫伤等。

2. 使用小刀和锥子的技术：使用时注意刀片不要割伤自己和同伴，不要拿着小刀嬉闹，手拿小刀的姿势要正确，握锥子的方法也要准确，不能用力过猛。总之，在使用过程中要稳、准，并用力得当。

3. 榔头:使用时轻轻敲击,避免用力过猛以致敲伤自己和物品,习得正确安全使用榔头的技术。

4. 选择材料的技术:在选择材料时,尽量能使用易于盛水的材料。

5. 打洞的技术:采用什么样的工具来打洞比较容易,洞打在什么部位(高一点好还是低一些好),所打的洞的数量多好还是少好,怎样既比较容易出水又不会冲坏花草,等等。

一个个的问题出来,幼儿就一个个地自行解决。在教师的引导下,幼儿的积极性非常高,大家利用各自收集来的废旧材料制作了各种各样的洒水桶。在给自然角中的植物浇水时,幼儿就运用自己设计制作的洒水桶浇水,并感到非常自豪且有成就感。

(三) 在游戏活动中渗透科技教育

我园在"科学技术教育与游戏活动相结合的理论与实践研究"中,努力探索游戏与科技活动有机结合的方法。

对幼儿进行科技教育的前提是注重教育方法的创新,包括教育观念和教育思想更新。同时注重幼儿的身心特点和年龄特点,必须体现"游戏是幼儿基本活动的原则"。幼儿科技教育的设计主线和最佳活动载体无疑是游戏。那么怎样将科技教育融入游戏呢?

1. 在科技教育活动中创设游戏环境

要想充分地发挥游戏对幼儿科技意识发展的独特作用,我们认为首先应当创设具有"四性"的游戏环境。

(1) 提供开放性的游戏环境是进行科技教育活动的必要条件

认知心理学认为,培养幼儿科技意识的温床是丰富多彩、富有启发性、具有开放性的游戏环境。只有在这样的环境中,幼儿才能完全自由地感知、接触周围众多的事物。这大大激发他们广泛而又强烈的好奇心,促使他们展开想象的翅膀,无拘无束地从事以前没玩过的游戏,尝试过去没做过的事情。由此可见,为幼儿提供一个开放性的游戏环境是进行科技教育活动的必要条件。

开放性的游戏环境包括游戏空间上的灵活性、游戏时间上的充裕性以及幼儿对游戏材料上的选择性等。

(2) 创设层次性的游戏环境是科技教育活动的基础

皮亚杰强调:"教师应了解儿童,游戏要重视儿童,要适合儿童的水平……"基于这个观点,我们认为,游戏环境的布置应体现出一定的层次性。

所谓层次性就是指根据幼儿的个体差异,将游戏环境分解成不同的层次,并配以不同的材料,使不同层次的幼儿都能充满兴趣地游戏,以有效地促进幼儿科技意识的培养,使其创造力在原有的基础上得到发展。

(3) 建立可变性的游戏环境是培养幼儿科技意识的保证

游戏环境应以幼儿的兴趣和现实经验为基础,具有一定的可变性。只有当游戏环境适合幼儿身心发展的特点和需要时,幼儿才会积极主动地去适应环境、探索环境,并自觉参与科技探索活动，在某方面获得日益增多的经验和知识。教师可以随着时间的推移，有计划地投放新的游戏材料或更换材料、变换玩法，不断激发幼儿发展新的需要，从中进一步培养幼儿的科技意识。

（4）注重互动性的游戏环境是培养幼儿科技意识的关键

这里所说的互动主要是指幼儿与游戏环境之间的互动。随着活动内容的逐步丰富、幼儿兴趣的不断变化，教师有必要为幼儿提供不完备的游戏环境，给予幼儿根据自己的兴趣充分发挥想象和自主性的空间。当幼儿主动与游戏环境和材料进行和谐的互动时，它们都能成为表现幼儿创新思维和创新能力的物化世界，对幼儿起到潜移默化的影响，并促使其科技意识进一步发展。教师可以和幼儿一起讨论、设计、准备和制作游戏环境、材料，也可以放手让幼儿独立完成。幼儿能想的让他们自己去想，幼儿能做的让他们自己去做。幼儿可以根据自己活动的需要，通过自己动脑、动手或在他人的帮助下去获取所需材料，形成创新成果，体验创新的乐趣，从而进一步激发他们的创新探究意识。由此可见，注重互动性的游戏环境是培养幼儿科技意识的关键。

2. 充分发挥教师的指导作用

幼儿进行活动需要成人指导，科技教育活动中如此，科技教育活动中的游戏更是如此。若缺乏正确指导，就会给幼儿带来不良的影响。如运动量过大的游戏会损害健康；不掌握玩具操作技能的游戏易伤及身体；在游戏中常处于被支配地位的幼儿会形成胆小、软弱的性格；那些"熊孩子"在游戏中如得不到指正，将会形成自私、骄横的品行，这些问题将会影响他们一生。游戏中的这些教育因素需要教师去引发才能达到游戏教育的目的。即使是玩水这样的小游戏，教师也可以在幼儿无所适从的情况下指导幼儿观察水的流动，引起幼儿对水流产生的兴趣，想象流水的种种用处，这样就发挥了玩水游戏的教育价值。若不指导，这个游戏就只能是游戏，而无法发挥育人价值。

3. 科技教育与游戏结合的实践

案例：科技小制作"扯铃"

适用年龄：大班

活动目标：学习选择制作扯铃所需材料和工具，比较扯铃的制作材料，掌握扯铃的制作步骤，探索扯铃制作过程中的注意点，学习玩扯铃的游戏。

主要活动内容：

（1）好玩的扯铃①

（2）比较制作扯铃的材料

（3）亲子活动：我和爸爸妈妈一起做扯铃

---

① 扯铃：即"空竹"，用竹木制成的玩具。在圆柱的一端或两端安上周围有几个小孔的圆盆，用绳子扯动圆柱，圆盆就迅速转动，发出嗡嗡的声音。

（4）扯铃为什么不转

（5）比一比,谁的扯铃声最大

（6）和你不一样的扯铃

从以上目标可以看出,"好玩的扯铃"这个活动的目的是认识扯铃,了解扯铃的制作技术、步骤等。从六个主要内容中我们可以发现活动主要的形式是通过游戏进行的。"好玩的扯铃"让幼儿尽情地游戏,尽情地玩,从而感受扯铃;"亲子活动:我和爸爸妈妈一起做扯铃"是通过游戏竞赛的形式来了解扯铃的制作步骤、制作方法;"比一比,谁的扯铃声最大"也是通过游戏的活动模式来探索使扯铃发声的方法、技术;其余几个活动也或多或少地在游戏中渗透了科技教育理念。在这些活动中幼儿玩得高兴、学得轻松。

四、对幼儿科技教育的再思考

（一）幼儿科技教育是幼儿主动探索的过程

现阶段,我们的幼儿科技教育主张通过基于问题解决的探究学习来深化对知识的理解与建构。科学的本质在于探究。现代科学教育观与传统教育观的一个根本区别在于对科学知识看法的差异。现代幼儿科技教育强调"幼儿的自主建构"。在教学过程中,幼儿不是知识的被动接受者。他们只有通过自身的经历,才能建构自身的认知体系。在"科学与技术相结合"的课题研究中,这样的主张越来越得到教师们的认同。

幼儿的年龄特点注定了他们对物质世界的认识是感性的、具体形象的。他们的思维还常常需要动作的帮助。幼儿对物质世界的认识必须以具体的事物和材料为中介,借助于对物体的直接操作。因此,幼儿科技教育不应要求幼儿掌握严格的科学概念等知识。幼儿科学知识的获得并不是建立在概念基础上的,而是立足于科学探索,立足于动手操作,从而使幼儿体会到科学知识的运用及技术的实际作用。

幼儿科技教育不是一种静态的结果,而是一个动态的过程,其强调的是科学探索过程:发现问题、分析问题、解决问题;提倡幼儿对科学活动的经历;尊重幼儿用自己的方式去认识周围世界;重视培养幼儿的探索能力、理解能力、创造能力和动手能力;鼓励幼儿进行直接的科技操作活动,以获得独特的、富有挑战性的直接经验。

（二）幼儿科技教育要关注幼儿的情感态度

我们现阶段的幼儿科技教育还强调人本主义,关注幼儿情感、兴趣的需要,以幼儿内在动机促进幼儿的发展,突出情感态度因素在教学活动中的重要作用。好奇心是幼儿认识事物的原动力、内驱力。因此,在幼儿科技教育中,最关键的是要保持和培植幼儿的好奇心和探究热情。这也是幼儿科技教育最重要的一个教育目标和价值取向。幼儿科技教育只有首先关注幼儿的这一情感态度,满足幼儿的情感需要,才可能真正有效地实现科技教育的价值。

这一理念贯穿于幼儿科技教育之中,其根本的启示就在于要通过粗浅的、启蒙性的科学认识与探索活动激发幼儿向往科学、追求科学的内驱力，使幼儿对科技探索活动产生强烈的渴望和需要。幼儿想要感知的冲动和想要了解的强烈愿望将驱使他们自觉地、主动地不断学习、不断探究，从而不断获得发展。总之，关注与尊重幼儿的兴趣和热情既是科技教育追求的目标，也是科技教育活动中必须遵循的规律和要求。

（三）幼儿科技教育要让幼儿看到自己的成功

在多元智力理论看来，每一个幼儿都有自己相对而言的优势智力领域。如有的幼儿更容易通过视觉——空间智力来理解问题，有的幼儿则更容易通过逻辑——数理智力来理解问题。表现在科技教育中，幼儿将以自己的独特方式来学习科学，认识周围的物质世界，在科学探索中表现出自己的特点。如有的幼儿喜欢用感官去发现问题，有的幼儿擅长思考解决问题，有的幼儿喜欢与别人交流讨论问题，有的幼儿喜欢用音乐、美术来表达问题。科学探索是一个过程，每一个幼儿在这个过程中的每个环节都有自己的特点，或者说幼儿各自擅长的地方。因此，我们认为幼儿科技教育要有意识地培养和发现幼儿表现出来的优势智力，不仅促进幼儿的智力潜能得到最大化、最优化的发展，而且提高幼儿的自尊心、自信心，让他们更乐意在科学探索中展示自己的优势，认识周围世界，并以独特的方式建构自己的内心世界。

（四）幼儿科技教育应该为幼儿提供合作的机会

多元智力理论认为幼儿教师应该在充分认识、肯定和欣赏幼儿优势智力领域的基础上，鼓励和帮助幼儿将自己优势智力的特点迁移到弱势智力领域中去，实现自身的优势互补。每个幼儿都有自己的优、弱势领域，而且每个幼儿的优、弱势领域不尽相同。如果每个孩子都懂得相互学习，他们就可以取长补短，共同进步。

因此，在科技教育中，应特别强调为幼儿提供合作的机会。多提倡小组合作探索，把能力不同的幼儿搭配分成小组。这样，一方面可以让每个幼儿发挥自己的优势智力，另一方面便于发挥同伴的影响作用，幼儿之间也可以相互促进，相互学习。

另外，值得一提的是，国际上的一些科技教育人士特别强调让女孩认识到科学并不是她们不擅长的学科；强调让男孩女孩都认识到科学的重要，并努力培养女孩的科学能力。所以，我们的科技教育更应该提供合作的机会，将男孩和女孩混合搭配，让女孩经常加入男孩的探索活动中。这样他们可以取长补短，使男孩、女孩从对方身上汲取不同的性格和能力特点。男孩、女孩作为不同类别的个体，有性别上的划分，但是不应该有发展上的差别。

（五）幼儿科技教育应该生活化

生活世界是人们最根本意义上的"家"，即生活是每个人所必须接受的最基本的教育。这个世界是感性、生动、丰富的，能够满足人的理智、情感、意志等方面发展的基本需要。科学世界是生活世界的理性沉积物。人在科学世界里获得的理智发展只有在现实生活中才有意义。正如我们前面所说的，幼儿对他们周围的物质世界充满着好奇与探索的激情。因此，只有当科技教育的内容是幼儿生活世界的一部分时，幼儿才可能更好地接受，也只有生活化的科技教育才对幼儿的成长和发展有意义。

所以,幼儿科技教育生活化应该成为幼儿科技教育的一个标准或原则。我们所倡导的科技教育内容生活化的目的主要是让幼儿更好地理解和掌握教师教给他们的知识。但这并不是说幼儿科技教育就是教给幼儿一些常识化的内容。教育生活化更深层的含义在于教育内容要贴近幼儿的实际生活,使幼儿体验和感受到生活中的科技现象,发现和感受生活世界的神奇,从生活中发现这些内容对自己和同伴的意义。即要使周围的生活世界为幼儿获得直接经验感受和理解科学提供丰富多彩的背景和环境,从而激发和保持幼儿强烈的好奇心和探究热情,培养幼儿真正的内在学习动机。

生活世界是我们在生活的自然态度中所能直接感受的世界。它感性、真实、多彩、丰富。而生活世界的教育所能教给人的只是一种代表性的、最初的、一般性的经验,并且包含着生活感受的主观相对性。一旦离开了这个世界,我们的教育将失去最根本的"家园"。这带给幼儿科技教育的启示是:科技存在于生活中,科技教育要关注生活、贴近生活。

（六）幼儿科技教育的重要性需要家园达成共识

幼儿园的教育活动必须获得家长的支持。我们所倡导的理念也需要家长的了解,科技教育活动的重要性更需要家长的认同。因为我们所开展的活动最终在幼儿的日常生活中会表现出来,这无疑会受到家庭教育的影响。家长对自己认同的活动方式固然会加以保护、支持,那么家长们的理念与态度就是孩子行为自始至终保持的关键。因此,除了积极宣传使家长了解我们的科技教育活动的一些理念之外,我们还要求幼儿把科技教育活动的成果展示给爸爸妈妈看。

（七）教师是幼儿科技教育活动的引导者

从这几年的实践活动来看,科技教育的过程不能简单地依靠教师的知识传递。教师在科技教育中的主要职能在于为幼儿提供自主探索的必要条件,促使幼儿自主建构认知结构。这彻底改变了传统的师生关系。在现阶段的幼儿科技教育中,教师仍要"教",但这种"教"不是指知识的灌输和直接传授,而是一种引导、一种支持,表现为教师尊重和关注幼儿探索的兴趣和要求,并通过提供材料、有效提问、有意义的回答、精心创设教育环境等多种指导策略,鼓励和引发幼儿的科技活动。教师引导的目的是帮助幼儿通过自身的方式来学习科技。因此,在我们的幼儿科技教育中,教师的角色定位是幼儿自主建构的帮助者、促进者、提升者,而不是科学知识的灌输者和科技知识、方法、技能获得的替代者。这是一种与传统的以传授科学知识为目的的科学教育截然不同的理念:过程重于结果。由此,我们的幼儿科技教育是强调让幼儿动手、动脑的实践活动,倡导探索知识和解决问题的过程和方法远比知识本身的多少更重要。

（八）教师自身行为与组织活动的方法对幼儿具有潜移默化的作用

幼儿期的社会学习具有模仿性强和易受暗示的特点,教师的一言一行都直接影响着幼儿。这种影响更突出地表现为一种潜移默化的形式,往往教师喜爱的就是幼儿喜爱的。在组织活动时,我们就深切体会到这一点。一个活动的开展,没有教师良好的情绪调动就会枯燥无味。教师对于某一个活动,必须首先做好充足的铺垫。例如,开展赛车比赛的活动,教师就要先了解赛车的知识,并对活动要有明确可行的、科学的计划,此外,还要让幼儿对赛车有一定的感性认识。幼儿有了感性认识后,教师随即提出活动要求,便能收到来自幼儿的积极活动欲望,那么接下来的活动就能达到很好的教学效果。因此,在引导幼儿科技探索、操作、实践活动时,教师应尽可能了解和满足他们的好奇心理,同时教师还要不失时机地对幼儿进行科技知识引导。在此之前,教师自己首先要对这些问题有足够的兴趣,从而以自己的激情感染幼儿。

（九）教师专业素质同样影响幼儿科技教育活动

课改成功与否取决于教师专业化水平。传统意义上幼儿教师专业技能表现为:弹、唱、跳、画,但现在的幼儿教师需全面发展素质,不仅要有多方面的技能,还要研究儿童心理,懂得教育艺术。一个专业能力强的教师,能适时抓住教育契机。在我们的教育中,有时不给孩子尝试、探索的机会,不给孩子犯错误的机会,也就剥夺了他成功的可能,压抑了他学习、探索未知事物的欲望,这是值得我们警惕的。教师的教育理念及教育艺术对幼儿一生发展有着重要作用。因此,作为以自主学习模式为主的幼儿科技教育,教师的教育理念和行为、科技知识和能力等,对幼儿科技意识的养成、科技知识的获得、科技方法能力的培养都具有深远的影响。

（十）任何环境资源都依靠教师和幼儿去激活

科技教育必须在真实的环境资源中建构,需要建立一个以真实的环境资源为主体的生态系统。真实的环境资源是教育者与学习者共同学习的场所,教育者与学习者通过真实的环境资源建构着学习共同体。任何环境资源都依靠教师和幼儿去激活,任何环境资源都可以被教师和幼儿激活。围绕一个科技教育问题,以教与学的关系实现人（教师、幼儿）与环境的互动是激活环境资源的一种方法;围绕一个科技教学问题建构环境资源,实现深度开发,是激活环境资源的又一种方法。

（十一）环境能促进幼儿园科技教育课程内容的更新、充实与调整

每个幼儿园都处在特定的自然、社会及文化背景中,都有各自可以开发的优势环境资源。这些资源如果开发和利用得当,就会与幼儿的学习生活直接相关,并且引起幼儿的极大兴趣,也最能引发幼儿的主动学习。环境资源是为一定的课程服务的,课程则促使幼儿园充分考虑其环境创设的方向和投资重点。一个开放的课程方案应为幼儿园优势环境资源的充分利用提供适宜的空间;一组优秀的环境设计也应为课程的实施提供有力支撑;科技教育课程则促进幼儿园优势环境的建设及完善。

第三节　幼儿园科技教育资源的开发与利用

在中华人民共和国教育部颁布的《基础教育课程改革纲要（试行）》中，提出了明确的课程改革目标。其中提到了一些全新的改革理念：

- 强调主动学习
- 加强课程内容与学生生活以及现代社会和科技发展的联系
- 关注学生学习兴趣
- 倡导学生主动参与、乐于探究、勤于动手

这些目标的实现都离不开课程资源的开发与利用。按照新课程的理念，特别是"探究式学习"的要求，现有的教学资源已经很难满足新课程的教育理念。因此，教育改革迫切呼唤与之相适应的教学资源的研制与开发。我园从"九五""十五""十一五"时期对科技教育的实践中领悟到，要形成科技教育园本化课程必须重视科技教育资源的开发和利用。这是实施科技课程的必要而直接的条件。

一、对科技教育资源特点的认识

了解了科技资源的特点，可以使我们在科技资源的开发与利用中，开阔眼界，拓宽思路，使科技资源在教育教学中更好地发挥作用。

（一）科技资源的多样性

科技资源的形式多种多样，有校内资源和校外资源，有自然资源和社会资源，有显性资源和隐性资源，有文字资源、实物资源、活动资源和信息化资源等。科技资源的多样性为科技资源的开发和利用提供了广阔的空间。

（二）科技资源的多质性

科技资源的多质性主要表现在两个方面，其一，同一资源对于不同的科技活动有不同的用途和价值；其二，同一资源对于不同的教学内容，也有不同的用途和价值。科技资源的多质性为教师充分利用科技资源的多种利用价值提供了思考问题的方向和可能性。

（三）科技资源的独特性

任何可能的科技资源因地域、文化、幼儿园以及师生各自的差异而各具特色，因而科技资源有其独特性。不同的地域可供开发与利用的科技资源不同，其构成形式和表现形态各异；不同的文化背景下，人们的科学观、价值观、生活方式，甚至思维方式都不同，开发的科技资源会各具特色；幼儿园性质、规模、地理位置、办学传统、办园水平以及教师素质的不同，开发与利用的科技资源必然存有差异；幼儿个体的家庭背景、智力水平、知识积累、生活经历的不同，利用科技资源时应该有一定的针对性。科技资源的独特性为不同地域、不同文化背

景、不同幼儿园的科技资源开发与利用提供了各自的优势。

（四）科技资源的价值潜在性

科技资源的开发与利用是密切联系在一起的，开发是利用的前提，利用是开发的目的；开发的过程也包含着一定的利用，在利用的过程中也会促进开发。所以，一切可能的科技资源都具有价值潜在性的特点。科技资源的价值潜在性要求我们在科技资源开发时要着眼于应用，在应用过程中又要促进进一步的开发，使科技资源的潜在价值被不断地发掘出来。

我们只有充分认识了科技资源的特点，才能够慧眼识珠，摆脱科技资源缺乏的困扰，使科技资源的价值得以充分发挥和显现。

二、科技资源开发与利用的基本原则

多年的科技教育研究给我们的启示是：不管是科技教育资源的开发也好，科技教育资源的利用也好，我们始终坚持凡是有助于幼儿科技情感态度的培养、有助于幼儿科技知识经验的获得、有助于幼儿科技方法能力的培养和有助于幼儿科技行为习惯形成的资源，我们都要想方设法地进行开发并加以利用。在科技资源的开发和利用中，我们还应该遵循以下原则。

（一）开放性原则

开放性原则是指在科技资源的开发与利用过程中，要以开放的目光观察周围的一切事和物，不局限于教材、活动室和幼儿园内，要尽可能开发与利用有利于科技教育教学活动的资源。比如，在通常的测量方法和技能的学习中，我们的大多数老师习惯准备尺、绳子等测量工具，然后在课堂上讲解、演示测量的方法，气氛严肃井然。自从进行了科技课题的研究后，我们的教师不再总是将这样的活动固定在活动室内。大马路上的树木、公园里的健身器械、大超市内的电子测量仪……都是幼儿与之互动的资源。更有一些教师，将善于观察、善于思索的眼光锁定在全国最大的化工基地的建设中，通过将幼儿带到建设基地，让幼儿亲身感受道路勘察队员的工作，使幼儿在自由自在、充满新奇的环境中对测量的概念有了一个感性的认识。幼儿和勘察队员一起测量时，幼儿参与学习的积极性空前地高涨。小手不停地摆弄，小脚不停地穿梭，小嘴不停地询问。在这种情景中所接受的知识、习得的技能，将会使幼儿铭记于心。

（二）优先性原则

幼儿在成长中需要学习的东西很多，远非幼儿园或是小学、中学乃至大学等教育场所所能包揽。我们要在充分考虑科技资源获取成本的前提下，遵循教育规律，结合教学要求，考虑幼儿的年龄特点、兴趣爱好、"最近发展区"等因素，突出重点，精选那些对幼儿终身发展具有决定意义的科技资源，并使之优先得到运用。我园采用的是主题教学的模式，一日活动的各环节都围绕主题进行。对主题内容的选择，不是随心所欲，也不是一成不变，而是考虑幼儿的年龄特点、兴趣爱好、"最近发展区"等因素，按不同年龄段幼儿的需要，根据季节、节日、家乡风土人情和衣食住行的基本要求，编排了不同的主题内容。主题内容分为选择性和固定性两类,每位教师可以根据幼儿的需要,以一切为了幼儿的发展为理念,自主选择活动内容,开发活动资源。

（三）经济性原则

科技资源的开发与利用要尽可能用最少的人力、物力和财力,以达到最理想的教育效果。尽可能开发与利用那些不需要多少经费开支的、对当前教育教学有现实意义、能激发幼儿学习兴趣的科技资源。比如,幼儿园的幼儿大多喜欢玩游戏棋,可问题是添置的游戏棋好像永远满足不了幼儿的需求,而且买来的游戏棋因为小,所以总是丢。因此,我们发动教师自制棋谱,并且是自制有关科技内容的棋谱。同时,在园内开展自制科技游戏棋的竞赛活动。教师们都积极参与,开发了适合各年龄段幼儿特点、能让幼儿主动获取操作经验、便于幼儿自主操作的科技棋谱,供幼儿在科技操作间和区角活动中互相博弈,非常经济实用,且深受幼儿喜爱。

（四）针对性原则

科技资源的开发与利用必须在明确幼儿科技教育目标的前提下,认真分析与科技教育目标相关的各种资源,认识和掌握其各自的性质和特点。同时,要针对本地、本园的实际,发挥地域优势,突出幼儿园特色;要针对幼儿的特点,满足幼儿的兴趣爱好和发展需求;要针对教师群体的情况,开发与教师教育教学水平相适应的资源。比如,我园有着取之不尽用之不竭的农村资源。如果我们的科技教育脱离了幼儿身边的事物,开发一些离幼儿现实生活很远的资源,那么只会既消耗了大量财力又不为幼儿所接受。所以我们在开发科技资源中,特别强调的一点是:我们所要开发的科技资源必须针对我们农村幼儿的特点,有的放矢地开发与利用。

三、科技资源开发与利用的基本途径

（一）科技环境资源的开发与利用

1. 创设宽松的科技活动氛围

幼儿的创造思维不是一朝一夕就能形成的,需要在其所处氛围的长期作用下才能形成。因此,在科技教育活动中要创设有利于幼儿创造的科技氛围。我园在实践探索过程中,努力创造各种有利于幼儿科技意识养成的活动氛围。例如,组织幼儿玩轮胎时,教师在活动开始前将大大小小的轮胎放在场地上。幼儿一看到上过油漆的既漂亮又干净的轮胎都很兴奋。有的幼儿身子钻在轮胎里依靠手的滑动向前移动,有的幼儿身子钻进了轮胎后用脚蹬地向前滚动。同样的滚动产生了各种各样的问题,涉及用力、平衡、速度等问题。由于教师为他们创设的活动环境是开放的、游戏类的,幼儿在轻松的活动氛围中自己探索,自己体悟,自然而然地体验了创造的乐趣,获取了不少的科学知识经验。

2. 提供开放性的科技活动环境

认知心理学认为,幼儿科技意识的培养需要丰富多彩、富有启发性、具有开放性的活动环境，只有在这样的环境中，才能使幼儿展开想象的翅膀，去尝试、去探索，没有负担地玩以前没有玩过的游戏，敢于做以前没有做过的事。

我们所说的开放性的活动环境，是指活动的时间、空间以及活动材料的选择性等方面。

一是时间上的充裕性。我们觉得足够的时间是满足幼儿自主探索、培养其科技意识的前提条件。只有当幼儿有了充足的活动时间，他们才有可能在活动过程中不断地有新发现，并尝试使用多种方法满足自己的好奇心，解决新问题。如果由于时间关系，在幼儿玩兴正浓时，突然要求幼儿终止活动，这可能会使幼儿感到茫然，甚至使幼儿产生不愉快的情绪。因为幼儿还来不及发现，更别提创新了。因此，我们认为提供给幼儿充裕的活动时间非常重要。

二是空间上的灵活性。某些教师往往会不自觉地在幼儿活动之前规定好区域。这样虽然看上去活动很有秩序，可实际上却使幼儿形成思维定式，不利于其科技意识的培养。因此，在科技教育活动环境的创设中我们总是引导幼儿根据活动的内容自主地确定活动的区域。

三是材料上的选择性。过去，不管是在科技操作区域还是在其他活动区域中，我们的教师总是喜欢将活动材料分门别类地投放在各个区域。殊不知教师的这种做法在某种程度上阻碍了幼儿科技意识的发展。事实上，教师只需要引导幼儿将活动材料按照一定的规律放在不同的箱子里，并在箱子上设计好相应的标记，每次活动时幼儿可以按自己的需要取放即可。这样，既节省了材料放置的空间，又体现了"一物多玩"的宗旨，能较好地达到培养其科技意识的目的。如一双一次性的筷子，既可以在玩自制爵士鼓时当棒槌，又可以在自制秤的时候当作秤杆。

3. 提供层次性的活动环境

所谓层次性的活动环境，就是指根据幼儿的个体差异，将活动环境分解成不同的层次，使不同年龄的幼儿都能充满兴趣地活动。这将有效地促进幼儿科技意识的形成，使其创造力在原有的基础上得到发展。

（1）小班

小班幼儿的科技意识还处在启蒙阶段，主要依赖活动材料。因此，小班教师应多提供形象的玩具和材料，同一活动的材料要有足够的数量，避免幼儿因材料不足而争吵。同时，小班幼儿的科技意识深深地扎根于现实的土壤中，故所布置的活动环境应尽量接近幼儿的生活，富有趣味。

（2）中大班

中大班幼儿的科技意识已有所发展，其想象开始含有一些创造性的成分，尤其是大班幼儿。因此，中大班幼儿的活动材料不能过于单一，而应该注重材料的多样性。同时，中大班幼儿的活动材料可以是成品，也可以是半成品和废旧材料(引导幼儿运用废旧材料自己制作玩具)。这些半成品和废旧材料在幼儿想象力的发挥下，变成一件件生动形象或富于创新意识的玩具,这对发挥幼儿的创造性大有益处。

4. 设计互动性的科技活动方式

科技活动为幼儿提供了与教师、同伴相互交往的机会。如大家一起做如何使浮在水面的木块沉到水底的实验、一起思考如何让风车转动起来等。幼儿之间相互交流与协作,并共同分享成功的快乐。在活动中,幼儿学会了平衡、和谐、合作、相互依靠等概念。这些概念的获得有利于幼儿创造性行为以及社会性的行为方式的养成。

（二）一日活动环节中资源的开发与利用

幼儿园一日活动皆课程。因此,幼儿一日活动的各环节（游戏、生活、体锻及各学科）都可以渗透科技教育的内容。每个活动都要有一定的科技内容的渗透对教师们来说是很大的考验。它要求教师首先要对科技教育的目标、内容、内涵、外延等了解得非常清楚,然后要在每个活动中将其巧妙渗透,包括环境（创设）、内容、方法技能的渗透等。除了需要每个教师根据自己的教育教学能力在一日活动中进行幼儿科技素质的培养之外,我们还指定年级组以确立小课题的形式,开发各活动与科技相结合的内容、材料、环境等,如小班年级组的"运动与科技教育的结合""游戏活动与科技的结合",中班的"生活活动与科技教育的结合"。

（三）教师资源的开发与利用

教师是科技资源开发与利用的主体,其本身也是重要的科技资源。教师要深刻认识和领悟科技资源开发与利用对于幼儿科技素质的提高的重要意义,不断探索科技资源开发与利用的有效方法与途径。

同时,园部也要充分挖掘每位教师的潜能,并根据每位教师的特长,用好每位教师。如园内有一位青年男教师,特别爱好小制作、小实验,我们就让他开发科技小制作和科技小实验。又如,一位青年教师对环境创设总有独特的见解,我们就让她负责园内科技环境的开发。

（四）网络资源的开发与利用

网络技术的发展大大丰富了科技资源。网络资源的开发突破了传统资源的狭隘性,突破了时空的局限性,因此,积极开发和利用网络资源也是我园科技教育资源开发与利用中的一个方面。教师们充分利用科技手段,对幼儿进行科技素质的培养。除了进行以上园内科技资源的开发与利用之外,还需要重视园外资源（包括社区科技资源、农村自然资源、家长资源等）的开发与利用。

第二章 动手操作的幼儿科技

建立在实践基础之上的科学理论才是有用的理论，而不能用于指导实践的"科学理论"只能是空洞的说教。要想科学教育做到理论联系实际就必须重视技术的中介作用。技术是科学理论与实践的中介或桥梁，它既具有科学的特征，也具有实践的特征。因此，渗透技术教育是科学教育的必由之路。只有这样，幼儿才能从知其然的层面飞跃到知其所以然的层面。

第一节 幼儿科技创新操作室的相关理论与认知

一、国内外相关研究现状扫描

纵观国内外研究，我们发现，发达国家和发展中国家都非常重视幼儿科学教育。1991年，英国政府发布了关于中小学科技教育的新法令，确定了科学教育的四大目标和技术教育的五大目标。在英国"全国学校课程"中，科学与英语、数学并列为三大核心课程，所有5~16岁的儿童都必须接受法定的科学教育。这一做法使得英国中小学科技教育具有完整性、先进性，被许多西方国家借鉴。20世纪80年代，美国开展了一场全面的、综合的教育改革。其中，科技教育的改革方向也从重点突出英才教育逐步转向全面提高公民的科技素养教育。20世纪90年代，这一改革得到进一步的深化和拓展。1995年，美国公布了《美国国家科学教育标准》。其很重要的一个主旨是美国科学教育重视学生探究习惯的养成、科学方法和能力的获得。日本提出了"科技立国"战略，把科技教育提高到至关重要的地位。在亚洲，韩国、泰国等国家积极实施"人人学科学"计划，大力发展科技教育。这些国家在经济发展的过程中，科技教育起到了人才培养的基础性作用。

中华人民共和国成立后，我国经历了多次课程改革，科技教育的地位逐步提高。1998年，原国家教委等三部委联合印发了《关于进一步加强中小学科技教育工作的通知》；2000年，科技部、教育部、中宣部、中国科协、共青团中央等五部委联合印发了《2001—2005年中国青少年科学技术普及活动指导纲要》；2000年11月，教育部印发了《中小学信息技术课程指导纲要（试行）》。幼儿园在科学教育中对传统的常识教育进行了改革，并渗透了现代科技的内容,开始重视幼儿的动手操作。但尚无系统地对幼儿科技创新操作室进行开发与实践的研究。

二、相关理论及启示

（一）对《2001—2005 年中国青少年科学技术普及活动指导纲要》的解读

2000 年,科技部、教育部、中宣部、中国科协、共青团中央联合颁布了《2001—2005 年中国青少年科学技术普及活动指导纲要》(以下简称《纲要》)。《纲要》根据 3 至 18 岁青少年生理和心理发育特点以及接受教育程度,从 3 岁开始,每隔 3 岁分为一个年龄段,共分 5 个年龄段,分别在科学态度、科学知识和技能、科学方法以及科学行为习惯等方面,由浅入深、由近及远、由表及里、由形象到抽象地开展科普活动。其目的是逐步使青少年了解科学技术的发展,掌握必要的知识、技能;培养他们对科学技术的兴趣和爱好;增强他们的创新精神和实践能力;引导他们树立科学思想、科学态度;帮助他们逐步形成科学的世界观和方法论。

《纲要》启示我们,3 至 6 岁年龄段的幼儿已具备了学习科学技术的生理和心理特点。在学前教育阶段,要根据幼儿的年龄特点,从小培养幼儿对科学技术的兴趣,为其今后的发展奠定良好的基础。这是一件有着积极意义的事情。

（二）对《基础教育课程改革纲要(试行)》的解读

教育部颁布的《基础教育课程改革纲要(试行)》提出了明确的课程改革目标。其中提到了一些新的改革理念:强调主动学习;加强课程内容与学生生活以及现代社会和科技发展的联系;关注学生学习兴趣;倡导学生主动参与、乐于探究、勤于动手……要求改变课程过于注重知识传授的倾向,强调形成积极主动的学习态度,使获得基础知识与基本技能的过程同时成为学会学习和形成正确价值观的过程;要求教师在教学过程中与学生积极互动、共同发展,处理好传授知识与培养能力的关系,注重培养学生的独立性和自主性,引导学生质疑、调查、探究,在实践中学习,促进学生在教师指导下主动地、富有个性地学习;要求教师应尊重学生的人格,关注个体差异,满足不同学生的学习需要,创设能引导学生主动参与的教育环境,激发学生的学习积极性,培养学生掌握和运用知识的态度和能力,使每个学生都能得到充分的发展。逐步实现教学内容的呈现方式、学生的学习方式、教师的教学方式和师生互动方式的变革,为学生的学习和发展提供丰富多彩的教育环境和有力的学习工具。

在课程的设置中,我们需要关注幼儿的学习兴趣,并开发幼儿的潜能。在科技创新操作室内,一切活动都可以从满足幼儿的兴趣出发,在引导幼儿探索的同时,其各种能力相应得到培养。当然,幼儿学习方式的变革会带来对教师的要求的同步提高,使得教师教学方式的变革刻不容缓。

（三）对"学会学习"的认识

教育部高教司原副司长王言根教授曾说:"学会学习必将获得'改变未来人生的力量'。

在学校教育中最重要的两个科目应该是'学习怎样学习'和'学习怎样思考'。学校应进一步赋予学生学习的兴趣和乐趣,学会学习的能力。"科学技术日新月异的时代意味着:知识正在经历不断的变革和更新。所以,教育应该较少地致力于传递知识,而应该更努力地寻求获得知识的方法。只有全体社会成员都"学会学习",才能实现终身学习的理想,进而构建学习型社会。

学会学习,培养全身心投入的状态,掌握有效的学习方法,养成良好的学习习惯等,才是真正有益于幼儿终身学习的。此外,培养幼儿的创新能力也是必不可少的。幼儿的科技学习潜能应当反映在这两方面。前者是"潜能"成为"实能"的基础,后者是"潜能"成为"实能"的标志。在这两个方面有优势的幼儿,就是真正学会学习的幼儿。学会学习从个体价值取向上说,它追求的是长期发展的价值,实质是要建立人的持续发展机制,使人通过掌握学习的规律和方法,形成良好的学习品格和习惯,提高自主学习的能力,从而可以在一生中获得持续的发展和提升。从社会需要价值取向看,在知识经济时代,学校需要培养具有全面素质和创新能力的人才。

学会学习也是当代形成的一项全新课题。围绕这一课题,诺瓦克(Novak)及其同事长达近20年的研究在国际上产生了相当重要的影响。诺瓦克认为,学习和知识是不同的。学习是个人的,是人的属性,而知识是公共的,是大家共享的。决定任何一种教育经验有多少意义的因素是人的思维、情感和行为,但主要是人的理性认识能力。因此,学会学习实际上是"儿童对事物特性在理性理解力上的变化"。同时,诺瓦克还认为,教育活动是一件复杂的事,涉及四种不同的因素,即教师、学生、课程和社会环境,这四者缺一不可,任何教育都必须考虑到每一种要素。其中,教师的职责是提出教学日程,决定学生应该学习什么知识以及学习的顺序。有经验的教师当然也会在学校安排的教学日程的某些方面考虑学生的接受性,这就是说教师要学会教学。学生必须愿意学习,学习是学生不能被分享的责任。课程则包含着杰出的教育活动所体现出来的知识、技能和价值。优秀的教师能很好地变换学习资料和关于学习的标准,使学生的学习更有价值。社会环境是学习经验发生的背景,它影响着教师和学生对课程含义的理解。

诺瓦克关于学会学习的研究提示我们,幼儿科技教育要求教师针对每个幼儿的现实接受能力和潜在接受能力,设计教育目标、内容,并采用合适的教学方法帮助幼儿从接受学习变为掌握学习,最后学会学习。同时,教师要科学地变革教学方法,多提出问题情境或任务情境,引发幼儿的认知冲突,使幼儿跃跃欲试,想学、要学、喜学、乐学,从而把教师替代式教学的枯燥过程,变成幼儿主动学习、互相分享的愉快过程。

(四)对"自主学习"的认识

建构主义认为,知识不是通过教师传授得到的,而是学习者在一定的社会文化背景下,借助其他人(包括教师和学习伙伴)的帮助,利用必要的学习资料,通过意义建构的方式获得的。它提倡的是以学生为中心的学习,强调学习者的认知主体作用,认为教师是意义建构的帮助者、促进者,而不是知识的传授者与灌输者;学生是信息加工的主体,也是意义的主动建构者;教材所提供的知识不再是教师传授的知识,而是学生主动建构意义的对象;媒体也不再是帮助教师传授知识的手段、方法,而是用来创设情境、进行协作学习和对话交流,即作为学生主动学习、协作式探索的认知工具。

意大利教育家蒙台梭利明确提出了幼儿"独立活动",即自主学习的概念。她说:"人之所以为人,不是因为他有人教,而是他自己所作所为的结果。"她就儿童由于独立获得自我实现而表现出极大满足感这一研究结果得出结论:"这一日渐增长的自我意识有助于成熟。让儿童感到自己的价值,他就会感到无拘无束,不再感觉到工作是个负担。"

现在的幼儿具有很强的自我意识,独立探索性、自我表现感强。这也决定了教学活动不能采用传统的以讲授为主的教学方法,必须采用新的、适应素质教育要求和当今幼儿特点的教学方法,让幼儿成为学习的主体。人的主体性建立在高度的自我意识之上,自我意识是通过教育形成的对自我力量(学习、思考、交往、动手操作等)的正确认识。幼儿的自我意识虽然没有发展到成熟的地步,但每个幼儿身上都蕴藏着发展自我意识的可能和本质力量。当幼儿一旦意识到"我能行""我真行"时,才会有自我意识催化下的个体行为特征——认真、好学、专心、充满信心和恒心、自强、自控、自主、进取等。自我意识需要通过合适的教育手段加以启蒙、培养。

在建构主义理论的指导下,幼儿科技创新操作室内的活动能体现幼儿的主体性自我建构过程及其强烈的自我意识。这些活动由教师和幼儿创设,由规范化设计组成,以探索和操作为主。在活动过程中,幼儿可以尽情地展现自己的个性特征、表现自己的各种特长,从而获得主动活动的愉悦感。活动的要求和规则规范了幼儿的主体性,限制了他们的行动,又保证了他们独立性的充分发挥。

(五) 对 STS 的认识

STS 即科学(Science)、技术(Technology)、社会(Society)的简称,强调知识、技术和社会三者之间的关系。将 STS 教育放到社会大背景中去学习,着重要培养的是学生的科技素养,即强调科学与技术的联系。

STS 教育理论告诉我们,在选择活动内容时要充分考虑幼儿的认知水平,进行幼儿科技教育时绝不能选取抽象意义上的高不可及的技术,要用幼儿能理解、能操作的技术。这些科学技术并不是纯概念、纯理论的,而是通过探索、操作就能获得的,使幼儿体会到科学知识的运用及技术的实际作用,这正是科技创新操作室所具有的独特功能。

三、对科技创新操作室的认知

(一) 对科技创新操作室的教育目标的认识

经过几年的实践探讨,我们明确了科技创新操作室的教育理念:目标是幼儿科技素质的养成;任务是开发幼儿潜能;关键是发挥幼儿主体性;重点是培养幼儿创新精神和探究能力。

有了明确的方向后，我们设定了科技创新操作室内的幼儿活动总目标：在科技创新操作室内，努力培养幼儿对科学的积极态度和科学精神，养成其从事科技活动的方法和习惯，使其获取一些粗浅的科技知识和经验，提高科技素养。同时，更重要的是培养幼儿富于想象、坚持不懈、敢于探究、自主自信、专注有序、不怕困难、友好合作、乐于创新等人格素养。

目标得当与否在很大程度上制约着幼儿科技知识的获得，影响着幼儿的发展。只有制订适宜的目标，才能有的放矢地对幼儿进行科技素养的培养。

（二）科技创新操作室的主题设计

专题架构主要以各班实施的主题为主，内容设计要适合幼儿在科技创新操作室内的科技教育活动。如椅子制作，它的创意来源于中班实施的"我爱我家"主题中的一个项目——"设计家园"。基于此，教师预设了"制作家具"的活动。在家具中最为幼儿熟知的是椅子。因此，制作椅子的设想就产生了。看似平常的椅子，却蕴含丰富的科技教育价值。

（三）对性别不公平的认识

当今时代，尽管人们提倡男女平等，试图消除对不同性别的区别对待，但是性别不公平现象在一些领域还是存在。我们是倾向于把一群孩子分为男孩和女孩，还是把他们视为一群特征各异的个体？如果教师为了公平起见，按照性别划分活动小组，那么结果却恰恰相反：性别差异被凸显了。我们坚持让男孩女孩平等地进入科技创新操作室，这将为幼儿在今后的成长道路上开辟更多的机会。

教师通过精心选择、设计的活动来消除对幼儿性别差异方面的比较，这将使幼儿在无形之中感到所有人都得到了公平的对待。性别平等对活动选择、设计有如下要求：①承认并肯定不同性别的人群之间的差异。②具有包容性，允许男孩女孩同样积极地寻找并识别关于自身的信息。③具有整合性，把男孩女孩的经验、需求和兴趣组合在一起，更有利于科技探索任务的完成。

（四）对幼儿在科技创新操作室的培养任务的认识

在科技创新操作室内开展的活动主要是对幼儿科技素养的启蒙，使幼儿获取良好的科学情感与态度、科学知识与经验、科学方法与技能、科学行为与习惯。这四个部分以科学情感与态度为核心，科学知识与经验、科学方法与技能为基础，科学行为与习惯为外在标志，形成一个综合性的整体目标。各部分内容既各有侧重，又相互联系。科学知识、技能对幼儿来说是间接经验，以了解、学习为主，可以通过探究、理解、巩固、应用等过程掌握；科学态度与科学行为、习惯对幼儿来说更多的表现为直接经验，以习得为主，可以通过主动参与、体验、内化、外显等活动方式形成；科学方法介于两者之间，需要综合运用探究、讨论、实践等形式来掌握。因此，在幼儿科技教育活动内容与目标体系的实施过程中，要根据不同的内容与目标采用不同的传播途径与方法。不同年龄段的幼儿活动内容要求和活动重点有所不同，内容应随年龄的增大而逐步增加。

在科技创新操作室内,以下能力和行为习惯的培养尤为重要。

1. 探索未知的能力培养

（1）观察:能依据感知的需要,运用多种感官,有目的地选择恰当的工具和探究方式收集信息。

（2）比较:能对所观察的事物进行比较,发现异同、变化和简单联系。

（3）推理和推测:仔细分析已有信息,作出合乎逻辑的预测。

（4）动手操作和实验:能综合运用自己的经验,有目的地进行操作和实验活动;关注事物的特征和变化,记录自己的想法和探究过程及结果。

（5）收集和展示信息:学习多途径收集信息,并大胆运用不同的形式表现自己对问题的感受、体验、想象、创造。

（6）解释与交流:能详细地叙述自己的探索过程与结果,将结论与预设进行简单的比较,提出自己的观点。

2. 技术设计的能力培养

（1）提出目标:能与同伴和成人讨论确定所要解决的问题和可行的目标。

（2）形成设计:能用交流、图像、图样、模型等方式来表达自己的设计思路,并能简单说明设计的理由。

（3）操作:在制作中碰到困难时,能针对有限的材料、资料和技能找出应变措施。

（4）交流与评估:能对所用的材料、方法及制作过程进行评价;能向他人叙述自己对一些问题的看法,并进行简单评价。

第二节　开发幼儿科技创新操作室的价值与路径

一、科技创新操作室开发与实践的价值

科技创新操作室是幼儿科技活动教育资源物化形态中的一种,以设计的专题探索、操作活动为依托,以多层、立体架构为资源储存区域,以灵活、多变的操作环境架构为主导思想,以活动时间和空间需要为布局,以提供充分的材料、工具和教学辅助资料为物质基础,以全方位、大容量、方便幼儿取用为原则,以逐步挖掘操作室的科技教学潜力为目的,是展示、使用、研究、扩充教学资源的阵地,也是幼儿看中学、玩中学、做中学、想中学、试中学、用中学的阵地,更是帮助幼儿自主开发学习潜能的活动场所。

在科技创新操作室内,教师针对幼儿的心理需求和当今科学发展的新信息(幼儿关心的或者已经在议论的)灵活变换预定的内容,使幼儿科技学习的内容有选择性和时代性,让幼儿感受到科技就在眼前,从而体会科技学习的价值,增强科技学习的兴趣和信心。科技创新

操作室对幼儿创新意识教育的意义深远，即通过认识与形象思维的融合、渗透，能提高幼儿智力和非智力品质，为培养心灵手巧又有创新能力的高素质人才奠定基础。

（一）促进幼儿学习方式的转变

《上海市学前教育纲要》明确提出：要强调幼儿的主动学习；加强课程内容与幼儿生活以及现代社会和科技发展的联系；关注幼儿学习兴趣；倡导幼儿主动参与、乐于探究、勤于动手。

"做中学"理论认为，幼儿关心的并不是那些客观事实和科学定律，而是直接材料的操作，以产生有趣的结果。教育者要做的就是为幼儿提供一个"做中学"的环境，并指导幼儿去选择要做的事情和要参与的活动。"做中学"理论启示我们：在科技创新操作室内，没有口若悬河的教师，只有忙着完成一个个"项目"的孩子（他们都是一个个小研究者）和他们的"促学者"。幼儿不用坐在自己的座位上，等待着教师来传授知识，他们可以做他们想做的事情；教师们也不用侃侃而谈，给幼儿灌输一些他们不感兴趣的内容，他们只用对幼儿的活动进行引导和适时的帮助。

在科技创新操作室内，幼儿可以根据自己的兴趣和能力进行自主活动，通过实践积累和操作活动的经验感受，使幼儿的潜力发挥出来，并产生对自己能力的认识和评价。幼儿目睹自己的智慧，体验自己的力量，享受作为一个行为主体操作客观物体的快乐，这一切都有利于发展其主观能动性，促进其学习方式的转变。

（二）有利于形成新型的师幼互动关系

卢梭说过，"儿童有他自己的看法、想法和感情的，如果想用我们的看法、想法和感情去代替他们的看法、想法和感情，那简直是最愚蠢的事情"。长期以来，师幼关系一直是一种非对称性的相依关系，即教育者、保护者与被教育者、被保护者的关系。而在操作室内，幼儿的生动活泼比在集体教学中表现得更为淋漓尽致。因此，教师应大胆放手，给幼儿探索和发展的空间，积极鼓励幼儿的探索行为，根据幼儿的需要，及时作出反应，调整指导策略，成为幼儿探索活动的支持者、合作者、引导者，促进幼儿发展。幼儿的思考、判断、评价、解决问题的能力常常超出教师的预料。这时刻提醒教师：幼儿的主观能动作用是不容忽视的，要学会站在幼儿的角度客观地评价自己的教学能力，从幼儿的发展需要和利益出发，思考活动的内容、材料的提供、指导的策略与方法，这有益于形成新型的、平等的师幼关系。

（三）有利于幼儿园科技教育特色的深化

"九五""十五""十一五"期间，我园参与了由中央教科所王素博士领衔的科技教育课题实验基地研究任务，对幼儿科技教育进行了一些探索和研究，并建立了幼儿科技操作室。我园的幼儿科技教育研究取得了一些成效，研究成果获教育部、科技部等五部委评定的优秀成果奖和突出贡献奖，以及上海市第八届教科研成果二等奖。同时，还出版了《开启智慧的金钥匙》一书和《幼儿科技操作用书》（小班、中班、大班各一册），以及《全国幼儿园学科教育精品课程教师参考用书》（幼儿科学部分）。

我们深知,虽然我们对幼儿科技操作室的研究已有多年的历程,但在如何进一步开发和利用农村资源,强化幼儿在活动过程中的独立思考能力、合作交流能力等方面还很欠缺。因此,科技创新操作室的研究将立足原有的基础,继续培养幼儿的科学精神,在发展幼儿的观察能力、思维能力、探究精神,使幼儿获取一些简单的科学知识的同时,着力于科技操作室的创新,更注重城郊资源的开发,关注教师教育方式的转变和幼儿学习方式的转变,注重幼儿探究兴趣、问题意识、动手能力等的培养,并将以科技创新操作室为载体,使我园的科技教育向纵深发展。

二、科技创新操作室开发与实践的路径

（一）科技创新操作室开发的依据

1. 科技创新操作室以幼儿的科学探索为重点

科技创新操作室是幼儿进行科学探索活动的重要设施,其特点是让幼儿模拟科学家的某些发明创造活动,培养幼儿对科学的兴趣和探索精神。操作室为幼儿提供了较为完善的设施设备以及丰富多样、不同层次的操作材料,幼儿选择的余地较大。其目的是让幼儿自己去"发现",从而使得教师有较多的机会观察每个幼儿的活动,以便及时给予个别化、个性化的引导。活动注重求实、求新、求异。因此,室内科技活动在让幼儿获得科学知识的同时,更有利于培养幼儿勇于克服困难的品质和创造性解决问题的能力等。

2. 科技创新操作室以各种资源为基础

在科技创新操作室内,一般包括以下资源:

（1）人才资源

指活动过程中需要的一切人力、财力,包括园内的教师以及后勤力量、幼儿家长、社区专业技术人员资源等。人是所有科学技术活动中最能动的因素。所以,人才资源是科技创新操作室内资源的"第一资源"。

（2）结构布局资源

指活动过程中需要利用的硬件环境和设计图纸(平面图、立面图、效果图等),包括框架结构和资源存放位置等。结构布局资源既要有规定性(看图和看现场都一目了然),且具灵活性,可随需要调整。

（3）图文资源

指活动过程中收集到的文字、图片(纸介质)资料,包括经整理后为活动服务的、体系化的背景资料。

（4）音像资源

指活动过程中需要利用到的一切磁介质资料,包括录音、摄影、录像、多媒体课件等。音像资源虽然没有图文资源那么详尽或便于随身携带、随时使用,但它有助于提高幼儿对科技知识和方法的感性认识。

（5）材料资源

指科技活动过程中各个专题需要用到的基本材料（特殊专题的特殊材料需要在专题开始之前做准备），通常包括各种质地的纸和塑胶、各种规格的木片、各种大小的瓶子、各种型号的电池、各种硬度的金属片和金属棒、高新科技的拼接材料、常用的办公用品以及各种废旧材料（化废为宝是科技活动的一个内容）等。

（6）工具资源

指科技活动过程中幼儿需要用到的、适宜的工具，包括小锯子或电动锯设备、小锤子（敲打材料）、钉子（钉合材料）、小扳手（掰开材料）、尺子（丈量材料）、电钻设备（钻孔）、螺丝刀（拧螺丝）、裁纸刀（裁制纸、塑胶或薄木片）、剪刀（裁剪材料）、弹线盒（定位）、各种线（缝合、连接材料）等。

（7）网络资源

指互联网上一切可供幼儿科技教育活动利用的信息。网络资源有效地拓宽了科技教育的视野，让教师能在很短的时间内找到需要的信息，由此给教师和幼儿带来更多的启示。此外，在网络资源中，还蕴藏着大量的人才资源、市场导购资源、媒体资源等各种门类的资源，是幼儿科技创新操作室开辟资源新天地的"聚宝盆"。

（8）生成性资源

指幼儿、教师在科技活动过程中生成的、创造的、可不断充实专题活动的资源。基于教育的传承性及可持续发展的原则，幼儿的科技作品，无论其是否具有真正的实用性或者是否精美，都应成为下一次幼儿同类活动的资源。教师在引导幼儿活动过程中生成和创造出来的东西，也可成为研究其他专题或同类专题的资源。

3. 科技创新操作室以主题为内容主体

专题架构是指以各阶段幼儿实施的主题为主，内容设计适合幼儿在科技创新操作室内的科技教育活动。在选择内容时，既要保留过去的科技教育园本课程中的部分内容，又要挖掘一些新内容。总之，在科技创新操作室内选择的内容要将科学发现与制作技术紧密联系在一起，使之成为一个有机、统一的整体。

4. 科技创新操作室以教师的活动为架构

（1）活动设计的研究

研究要点是怎样以内容特征、幼儿发展水平及技术要求进行活动的策划。主要是设计目标的定位、时空的设置、方式（形式）的选择、评价的展开以及活动的流程。

（2）活动展开的模式研究

研究如何建构及展开以幼儿生活的现实与发展为基本内容，以创新操作为主要活动，以科技素养为目标取向，以科技领域为活动线索的幼儿科技活动模式研究。主要包括活动展开模式的目标定位、时空设置、方式（形式）选择、"一课三研"评价的展开以及活动过程的反思、流程的再设计定型。

（二）科技创新操作室内区域划分及其功能的研究

科技创新操作室作为一个探索、想象、发明、创造的天地,适宜的环境是引发幼儿进入活动的先决条件,如果区域划分和布局不合理,就会导致幼儿互相影响和干扰,限制幼儿的想象、创造以及交流、合作。因此合理的布局和划分是有序开展活动的第一步。为此,根据科技创新操作室的特点及幼儿的年龄特征,区域划分为材料存放区、信息资源区、探索区、制作区、展示区等。

1. 材料存放区

区域内配置多种可移动资源架,形成公用材料超市,供幼儿自行取放。而这些资源按照材料的特性进行有规则的分类,如木制区域、纸制区域、铁盒区域、塑料区域、线绳区域、布区域、农作物区域、农村自然物区域等。

悬挂式资源架

转盘式资源架

2. 信息资源区

信息资源区主要为幼儿(包括教师)提供多方面的支持,包括文字资料、图片资料、音像资料等三大类。主要设备有:电脑系统、图书架、音像资料架、图片及挂图架。采用开放式结构,便于幼儿随时取放需要的资料。

3. 探索区

探索区以实验、探索等较安静的活动为主,提供丰富的实验仪器和材料,以及日常生活中的科技成品。幼儿可任意拆开这些成品,了解其中的奥秘,探索科学道理,并借助不断地拆装、操作,学会使用操作工具,获取科学技能和方法。同时,此活动区也可根据专题的需要,让幼儿进行集体学习和探索。探索区的橱柜灵活性较大,既可储备物品,也可操作,便于集体、小组和个别幼儿进行探索、交流。

4. 制作区

在此区域内,幼儿利用材料存放区域内的各种生活中的废旧物、农村自然物等材料和教师提供的工具(除了传统的制作工具外,还提供一些现代的安全的电动工具,如钻台、压力台、锯台等),进行安全充分便捷的设计、加工和制作,使制作活动更顺畅、真实、安全、有趣。

压力台

钻台

曲线切割机

钳工台

5. 展示区

展示区内的物品既有幼儿制作的优秀作品，还有尚未完成的半成品和一些供幼儿欣赏、借鉴的物品。针对这些物品的不同特点，设置可灵活改变空间的可调式墙面展示架，不占地面位置。

橱柜展示台

可调节式墙面展示架

（三）科技创新操作室外延场所的研究

在进行室内科技创新操作室研究的同时，我们不断诠释科技创新操作室的内涵，认为科技创新操作室的内涵不应局限于室内，还应该根据幼儿园和幼儿的特点，把研究的范围外延，使科技操作室的研究能跳出传统意义上的操作室，变得范围更广、空间更宽、功能更全，幼儿活动更有情趣，更能满足幼儿探索、创造的欲望。因此，我们赋予科技创新操作室更丰富的含义，把室外、厅廊、科技区角的一些适合幼儿探索、创造的场所均作为科技创新操作室的外延资源。如我们利用室外和屋顶场地，开辟了"沙水乐园"和"小小建筑师工地"作为幼儿室外操作、探索的区域。

"小小建筑师工地"

"工地"前的提示牌　　　　　　　正在紧张地"施工"中

半开放的透明水管——沙水乐园一角　　　饲养角——沙水乐园一角

需要同心协力运作的水车

幼儿在室外开展科技操作活动时，能感受到许多在室内所无法体验到的乐趣。在外延操作区域开展的活动形式灵活多样，趣味性强。如在沙水乐园中，有干沙和湿沙两个沙池，沙池里有各种各样的玩沙工具，活动的范围很广。有的幼儿利用工具与同伴合作玩沙，尝试在沙池里堆造型，在沙中"寻宝"，将小玩具埋在沙里，比谁在规定的时间内找到的玩具多；有的幼儿运用运输工具运输沙子，比较人工运沙和运输工具运沙的快慢，体验科技给人们的劳动带来的便捷。

在外延操作区域中，我们致力于幼儿多种智能的开发。如"小小建筑师工地"的活动区域，改原有单纯造房子的传统形式为建构活动和模拟小社会活动相结合。在游戏中，根据幼儿的经验再现和教师的适当引导，开发了"安全部""销售部""设计部""仓储部"和"施工部"。活动中，各个部门都有各自的工作，体现了建筑工程的整体性和连贯性，如设计部设计出美观、安全的新楼盘，安全部负责施工部的安全，销售部想办法卖掉施工部造出来的房子，仓储部为施工部提供各种建筑材料。施工部则是这些部门的核心，与每个部门都有着密切的联系。幼儿在游戏中通过扮演建筑工地上的各类角色，了解建筑方面的一些知识与经验，并创造性地反映现实生活中的建筑系列活动。这样，各个部门之间的有机联系和循环，充分挖掘了幼儿的多元智能。

二、科技创新操作室的实践探索

（一）确立科技创新操作室创设的关键要素

1. 科技创新操作室的设计思路

科技创新操作室在设计思路上凸显六个"学"，即看中学、玩中学、试中学、想中学、做中学、用中学；在设计意图上，强调六个"突出"，即突出技术素养的培养，突出"给幼儿一个空间"，突出幼儿主动活动，突出源于生活、接近生活、尽可能真实地反映生活，突出师生共同学习、共同提高，突出操作室自身的技术含量；在设计框架上，注意三个"适应"，即适应《科学技术普及活动指导纲要》的目标与内容，适应各个年龄段幼儿的学习和发展，适应幼儿园各种不同的环境、场地和投资。

2. 科技创新操作室的设计框架

科技创新操作室的设计框架是：面积、平面分布图、立面图、效果图、全景、中景和近景都一目了然；资源区设计（工具箱、架，材料箱、架，图书箱、架等的位置大小、尺寸、摆放要求，标识图、流程图、示意图、规则图等的储备，各类物品的领用、借用办法，等等）要实用；操作区设计（操作台的摆放，幼儿"作业"或学习效果的记录方法，各班级活动安排表——专题、时间、班级、操作什么）都根据专题，活而不乱；渲染和展示环境设计（展示柜、架的大小、设计图、视图）要有童趣，能扩展，常变化；管理环境的设计（指操作室内各种资源的管理规则、常规、材料、工具的借用、整理方法，对幼儿"作业"的管理等）要抓而不死，方便、灵活、规范、有序。

3. 科技创新操作室的基本特点

操作室具备功能的多样性,场地的通用性、可变性,设备添置的经济性,教学的实用性等特点。具体体现在"七个能适应"上:一是能适应科技教育专题不断开发、充实的需要;二是能适应幼儿自主探究和合作探究的需要;三是能适应教学内容不断变化时环境布置的需要;四是能适应不同年龄段幼儿、不同学习任务的需要;五是能适应不同教学任务和不同教师教学的需要;六是能适应多样化学习环境创设的需要;七是能适应幼儿园的投资可能。操作室占地面积不大,储存空间能变化、重组,幼儿座位(操作台)能任意调整,学习气氛可充分渲染(包括固定的墙面和可以移动的挡板),既相对固定又可按需变换、自由拆卸,以架构"活"的科技学习探索阵地。

4. 科技创新操作室架构的硬件

"球、杆连接"是操作室硬件架构的主件,它既可建构操作室整体,又可建构探索、操作活动的技术装置。多种小型工具台和操作工具(可以任意切割的曲线锯、钻孔机、压钉机、小钳桌、扶钉器等)是操作室的配件。"球、杆连接"和小型工具台、操作工具,体现了操作室的设计理念、思路、特点,保证了幼儿能在操作室里安全、愉快、有效地参与设计和制作活动。

(二) 选择适宜在科技创新操作室内活动的内容

小中大班三个年龄段幼儿都有常规活动。在科技创新操作室内,我们对每个专题的目标、内容、探索与操作用的材料、工具及其他资源进行确定,对每个专题中的系列活动的组织形式、活动流程以及每个活动的尝试探索部分和技术含量进行分析。操作室的内容结合主题活动,每学期重点选择 15~20 个专题,如电的本领大、有用的灯、好玩的电动玩具、能干的机器人、好听的声音、神奇的光等。

(三) 研究科技创新操作室内活动的组织

1. 以问题情境和任务情境为引导,以尝试、探索、设计、制作为类型,组织操作活动

在操作室内,教师以问题情境和任务情境为引导,以尝试、探索、设计、制作为类型,组织操作活动,实现《纲要》在科学情感与态度、知识与经验、方法与能力、行为与习惯培养方面的目标。同时,紧密围绕专题,根据活动内容划分,分解出不同的任务或问题,让幼儿针对需要解决的实际问题进行有目的的尝试、探索、设计、制作、记录、交流,以完成任务,解决问题。

操作室的专题既有"规定性"即全园着意安排的,又有"指导性"即在教师事前做好准备工作的基础上,在教师的引领下进行的(引领不是替代,而是在充分提供设计与制作需要的资源、明确提出问题或任务基础上开展的主动活动)。教师在活动全过程中,是促进者和推动者,有时甚至是其中的一员。

操作室的活动模式是在环境和氛围渲染下,幼儿接受任务→进入情境→运用已有经验尝试、探索、设计、制作、记录、交流……→解决实际问题(完成任务)→习得(获得知识、技能、情意等各方面的学习与发展)。

操作室的设计分成支持环境、操作环境和氛围三方面。支持环境指教育(学习)资源储存方式和方法的科学、合理摆放——一切都为了方便幼儿取用;操作环境指操作过程中物质准备得充分——一切都为了幼儿顺利、安心操作;氛围指操作室内外的显性和隐性环境——一切都为了鼓励幼儿勇于探索、善于创新。幼儿进入操作室后,教师要注重其操作状态(专注、投入、思考)、思维能力、创新精神的培养。所以幼儿园要提供较大的操作空间,满足各种操作条件。在操作中,教师要始终注重幼儿之间的交往与合作,给幼儿充分表达(言语的、涂鸦的、表征的)的机会。要强调既动手又动脑,既学知识又学智慧。要强调学是为了用,是为了解决问题(将科学原理运用到"做中学")。

椅子制作的创意来源于中班"我爱我家"主题中的一个子主题"设计家园"。教师在此基础上预设了"制作家具"的活动。在没有教师示范讲解的情况下,幼儿在操作室内仔细琢磨椅子的结构,探索制作的要领,努力寻求适合自己的制作技术,领悟材料与制作之间的内在联系,从而摸索制作椅子的技巧。在制作的过程中,幼儿还巧妙地将科学与技术结合在一起。这种建立在幼儿自我发现基础上,能概括总结出知识与经验的活动,绝非一种形式上的走过场,而是真正意义上属于幼儿自主的活动。

2. 科技创新操作室活动流程

一般流程为:收集现成玩具 → 剖析原理 → 教师或家长的制作比赛 → 幼儿参观作品 → 收集制作这些玩具的废旧物品 → 幼儿制作 → 评析陈列。

研究初期,我们采用质性研究的方法,让幼儿在获得一定科学知识的同时形成一定的技能,开发有利于幼儿自主探究的科技小制作、小实验等,并增加"探索物体的属性与现象"部分内容,让幼儿运用已获得的科学经验进行探索。

一段时间后,教师对操作室的内容设置作相应调整,并全面铺开。在开展各类小实验、探索性活动的基础上,着重以专题为架构,开发适合在科技创新操作室内活动的比较系统的科技教育专题活动。有的专题能在操作室内深入下去,而有的不能或没有必要在操作室内进行。我们提炼出了能在操作室内进行的 29 个专题,其中车子、风铃、椅子、水果制品等在幼儿、家长、教师中开展制作"总动员"。活动开展得轰轰烈烈、有声有色,活动目标得以顺利实现。

3. 科技创新操作室使用安排和情况反馈

对操作室的使用情况做好记录,如平均每学期在操作室能开展的专题活动数量,每个专题活动时间;资源的收集与操作室的布置及各区活动规则的制定及其分工;哪些由教师集体完成,哪些由师幼一起进行;专题转换时的资源更换工作怎样做得更好;已有的资源怎样归类存放、保管,使之不损坏、不丢失;操作室的日常性管理工作怎样安排,由谁负责;等等。同时,排定各班级的活动时间表,安排好活动分组,采用全班、大带小、亲子班等形式,让教师在使用过程中形成常规,并在活动后由组织者写出详细的活动实录及效果反思。其他事项(如操作室内外的科技氛围渲染)也安排妥当。

（四）探索科技创新操作室的价值取向

1. 以粗加工区为基地培养幼儿技术素养

粗加工区是设计与制作作品雏形的基地。教师让幼儿先在设计台上设计"产品"，学会按想象自描图纸，设计并改进。这在无形中增强了幼儿看图纸和说明书的能力。粗加工区提供了万向曲线锯台、微型安全台钻、微型安全压力台、多人共用钳桌，扶钉器、断丝器等用来对产品初次加工的工具。幼儿利用万向锯台可以锯较硬的东西，并锯出作品的雏形；用微型安全台钻可以钻洞；用微型安全压力台可以把钉子钉进木板中，把物体压紧；用多人共用钳桌可以磨钥匙，也可以锯木头；还有扶钉器、断丝器也可以辅助幼儿制作物品。

2. 以操作区为突破提高幼儿创新能力

操作区是让幼儿动手拼装，把在粗加工区制作的产品雏形细化、美化和实用化。在幼儿运用多种多样新奇的工具与材料设计玩具雏形的基础上，教师指导他们制作自己喜欢的玩具，如指导幼儿围绕主题，制作科技小玩具，从中掌握一些有难度的技能。设计制作活动架起技术操作与科技知识之间的桥梁，拉近实践与知识的距离，铺开走向科技的路，叩响技术素养之门。

3. 以探索区为阵地开展科学探索

探索区的活动内容往往有些枯燥。为了让幼儿对活动感兴趣，教师把繁杂枯燥的科学实验编成有趣的科学游戏，让幼儿感受并动手玩这些科学游戏，从中快乐地学会科技知识和一些简单的技术操作，以提升科技素养。探索区相对稳定，是通过实验操作来加深幼儿对科学知识理解的。实验活动定期更换，内容丰富。如在"水的净化"实验中，用加热和冷却使脏水变成净化水；用离心力和惯性的原理进行"巧移乒乓球"实验；用空气的热胀冷缩原理进行"气球抓物"的实验；用食盐中的成分能使冰块快速溶解进行"棉线钓冰块"实验；用弹性的原理制作"十二生肖摇摆乐"；用平面镜反射原理制作潜望镜；……活动吸引了幼儿。他们兴趣盎然，乐在其中。

4. 以展示区为导向诱发幼儿灵感，引导幼儿学习

在展示区的架子上有提供关于主题的实物、模型及幼儿作品，如车的主题中有各式各样车模型，还有幼儿用木头、塑料、棋子、瓶子、盒子做成的车子。展示区域内共有两大区域，一是幼儿未完成的作品（未完成的作品在下次的活动中可以继续完成），二是已完成的作品，它们都是幼儿智慧的体现。当幼儿的作品展示在小小的展台上时，这既是对幼儿的尊重，也是对他们作品的尊重，能极大地诱发幼儿的灵感，激发幼儿的创作兴趣。诚然，这些作品除了展示外，更大的功能是相互之间的借鉴和学习。

（五）以科技创新操作室为载体的幼儿科技素养发展评价研究

在科技创新操作室内，幼儿的创新质疑能力、观察实践能力、动手操作能力、逻辑推理能力都能得以发展。幼儿的情感与态度、知识与经验、方法与能力、行为与习惯也都会因为科

技操作室的内外环境的创设与实践而得到发展。我们立足幼儿科技素养的全面发展,进行综合性的评价。

在评价指标体系中,我们依据布卢姆的教育目标分类系统,将幼儿科技素质分为情感与态度、知识与经验、方法与能力、行为与习惯。在评价过程中,对小班的评价,我们注重情感与态度;对中班的评价我们的侧重点是方法与能力、行为与习惯;对大班,我们更注重的是知识与经验。

1. 制定评价指标

在评价过程中,依据多元、多样的评价原则,我们采用过程性评价、发展性评价、总结性评价等方法,设定了三套适合小中大班幼儿科技素养水平的评价指标体系。

2. 运用恰当的评价技术

(1) 个体参照性评价

即以幼儿先前的科技能力为基准作出评价。例如,一位幼儿在进行了较长一段时间的科技能力的培养后,在科技情感的发展方面收效甚微。经过了一个学期的引导之后,他在科技情感方面有了一点进步,虽然还是班级中情感发展最慢的一位幼儿,但我们还是可以肯定地说他取得了很大的进步。

(2) 相对评价

即根据幼儿整体的能力来确定标准,然后把每一位被评幼儿与这个标准进行比较,以评价每位幼儿达到这个标准的程度。这种评价技术在过程性评价和总结性评价中都能用到。

(3) 项目评价

即预先根据评价标准,把主要评价的内容分解为几个方面后分别加以测量与评定。如对一个大班的幼儿进行科技素质的综合评定,从情感与态度、知识与经验、方法与能力、行为与习惯四方面进行。而这四方面共有三十多项内容,不可能在一次的测试中就将全部的内容评定出来,而是按项目进行评价。又如在评定幼儿制作能力的时候,同时在桌上放上蛋壳、纸、橡皮泥、胶水、透明胶带、剪刀等物品,让幼儿制作一个不倒翁。评定者可以对幼儿选择的制作工具、材料是否合适或能否正确使用这些材料、工具等方面作出评定。此评价技术一般用于总结性评价。

三、操作室的开发与实践原则

(一) 开放性与针对性相结合的原则

开放性是指在科技创新操作室的开发与研究的过程中,要以开放的眼光观察周围的事物,不局限于活动室内,也不局限于幼儿园内,要尽可能开发与利用一切可利用的科技资源。

针对性是指科技创新操作室资源的开发要根据本地、本园的实际,发挥农村地域优势,针对幼儿的特点,满足幼儿的兴趣爱好和发展需求。同时,考虑教师群体的情况,要适应教师教育教学水平。

（二）优先性与整合性相结合的原则

幼儿在成长中需要学习的东西很多，远非某一教育场所就能包揽。因而我们必须在可能的范围内，在充分考虑科技资源成本的前提下，遵循教育规律，考虑幼儿的年龄特点、兴趣爱好、最近发展区等因素，精选那些对幼儿终身发展具有决定意义的科技操作内容，使之优先得到运用。

在考虑优先性原则的同时，科技创新操作室的开发还要尽可能地考虑人力、物力和财力的整合，以达到最理想的教育效果。要尽可能发动教师、幼儿、家长、社区人士参与操作室资源的开发。要开发幼儿身边的资源、对当前教育教学有现实意义的科技资源和能激发幼儿学习兴趣的科技资源。

第三节　幼儿科技创新操作室专题活动设计的意图与案例

一、幼儿科技创新操作室专题活动设计的意图

科技操作间是有年龄划分的。不同年龄段的孩子即使都是同一个主题，其设计的侧重点也是不相同的。3 至 4 岁的幼儿对什么都充满着好奇心，看到新事物时，总想摸一摸，或操作一下，他们的动作还在逐步精细化的过程中。基于这些特点，在设计和组织他们活动时，教师要以培养幼儿情感、激发其对科技活动的兴趣为主。同时，3 至 4 岁幼儿感知觉正在逐步完善，对生动形象、色彩鲜艳、新奇事物和现象容易认识，因此在提供材料资源时，特别需要关注这一点。此外，因为其行为具有强烈的情绪性，易受外界事物和自己情绪所支配，所以教师在组织活动时，要让幼儿有成功的体验。如果幼儿不能达成目标，教师应适当放低要求，以使幼儿得到满足。

4 至 5 岁幼儿行为有意性增强，注意力开始集中，有一定的任务意识。其动作发展较小班幼儿更为完善、协调、有条理。尤其手指动作比较灵巧，他们能够掌握多种动作技能，且动作质量明显提高，所以可以操作的工具更多。4 至 5 岁幼儿能积极运用各种感官，对新奇的事物感兴趣，且有了解周围世界的好奇心和求知欲，开始探究和发现事物之间的关系、变化，但思维仍是具体形象的，往往依靠实物的形象作支柱，通过与周围的人及实物相互作用，尝试解决具体的问题。基于该年龄段幼儿的特点，我们在设计科技创新操作室专题活动时，提供的材料资源、工具资源较小班多幼儿可以将自己的经验与想法，通过与材料、环境互动实现，同时在此过程中充分探索与感知物体之间的关系。

5 至 6 岁的幼儿有意性行为较中班幼儿更明显，开始能够控制自己的情绪与行为，做事有一定主见。其好奇心不再满足于了解事物的表面现象，而是喜欢更深层次地探究。他们

的求知欲与认识兴趣加强了，对实现自己想法的要求更强烈了。基于该年龄段的特点，我们在设计专题活动时，更多地关注保护幼儿的求知欲，引导他们在操作活动中去发现事物间的各种内在关系，不仅在情感上让其始终保持探究兴趣，而且在技能、方法、知识上获得顿悟的机会。在这个过程中，教师还需要关注幼儿创新能力的培养。在操作室活动时，对于5至6岁的幼儿来说，教师更应培养幼儿之间的合作能力和任务意识，让他们体验到通过合作完成的作品更加完善，任务更容易完成。另外，教师在设计和组织活动时还应尊重每个幼儿的特点，因材施教，给予幼儿必要的支持，帮助每一个幼儿建立自信，这也是建立科技创新操作室的目的之一。

二、幼儿科技创新操作室专题活动设计的案例

我们针对三个年龄段的幼儿，设计了同一主题的不同活动，以满足每个年龄段幼儿的发展需求，以下是4至5岁幼儿的专题活动设计案例：

主题	活动目标	重难点
洒水桶	1. 在感知洒水桶特征的基础上，尝试制作洒水桶 2. 探索洞眼的高低与水流压力、形状的关系	活动重点：在瓶身的不同位置开洞眼的方法 活动难点：洞眼的高低与瓶中所剩水的多少之间的关系
风铃	1. 感受不同物体相互碰撞发出的声响，对制作风铃感兴趣 2. 选择合适的材料，按一定规律排列风铃	活动重点：引导幼儿在提供的多种材料中选择合适的材料，按一定规律排列风铃 活动难点：吊线与吊坠的选择
平衡小人	1. 对平衡这一现象有探索的兴趣，能够积极参与讨论、探索、制作等活动 2. 尝试调整物体两边的质量，使其保持平衡	活动重点：尝试让物体保持平衡 活动难点：如何调整物体两边的质量，使其保持平衡
天平秤	1. 尝试用积木替代砝码使天平秤两边平衡的方法，判断被测积木的质量 2. 体验实验操作的快乐	活动重难点：能够点数出积木的数量及对应质量并进行正确的记录
风车	1. 发现风车转动的速度与风的大小有关，激发幼儿探索的兴趣 2. 引导幼儿用各种卡纸、纸杯等材料制作风车	活动重点：探寻风车转动的原因，会制作小风车 活动难点：怎样让风车转得快
扇子	1. 选择合适的材料制作扇面和扇柄 2. 体验做扇子的乐趣	活动重点：用不同的材料制作扇面 活动难点：选择合适的材料制作扇柄

（续表）

主题	活动目标	重难点
降落伞	1. 知道降落伞的用途,体验制作降落伞的乐趣 2. 尝试根据操作步骤图组装完成降落伞	活动重点:了解降落伞缓慢降落的原因及其用途,尝试制作 活动难点:初步了解空气阻力,尝试根据操作步骤图组装完成降落伞
万花筒	1. 感受万花筒的奇妙,激发幼儿动手制作的兴趣 2. 尝试利用万花筒的制作过程图制作万花筒,发展幼儿的动手能力	活动重点:通过制作,了解万花筒的奇妙 活动难点:学习看制作过程图,并根据图纸完成万花筒的制作
传声筒	1. 感知空心的传声筒能传播清晰的声音,比较空心材料与实心材料的不同 2. 对科学活动有兴趣,乐意探索	活动重点:能选择不同的材料制作传声筒 活动难点:了解空心材料与实心材料的不同
笔筒	1. 尝试用多种材料,创造性地设计、装饰及完成作品 2. 感受作品的色彩美,体验成功的快乐	活动重点:尝试用多种材料设计、装饰及完成作品 活动难点:创造性地装饰
鼓	1. 了解鼓的构造及特性,对鼓所发出的声音感兴趣 2. 尝试用各种材料大胆地制作鼓,并比较其声音的异同	活动重点:了解鼓的构造及特性,能大胆尝试用多种材料制作 活动难点:使鼓发出悦耳、有一定共鸣效果的声音
扯铃	1. 积极试验,大胆表达自己的想法 2. 在比较中探索扯铃不旋转的原因	活动重点:在比较中探索扯铃不旋转的原因 活动难点:找准中心点
陀螺	1. 感知陀螺旋转的现象,充分体验探究活动的乐趣 2. 用多种材料制作陀螺,探寻陀螺的秘密	活动重点:用不同材料制作陀螺 活动难点:探索陀螺旋转的秘密
自制小乐器	1. 尝试制作能发出声音的简易小乐器 2. 能自由选择材料进行制作 3. 大胆交流自己的制作结果	活动重点:利用废旧材料进行小乐器的制作 活动难点:如何使小乐器发出声音

三、专题活动示例:风铃

（一）活动目标

1. 感受不同物体相互碰撞发出的声响不同,对制作风铃感兴趣。

2. 选择合适的材料,按一定规律排列风铃。

44

（二）活动重点、难点

活动重点：引导幼儿在提供的多种材料中选择合适的材料，按一定规律排列风铃。

活动难点：吊线与吊坠的选择。

（三）科技含量

本活动的科技含量主要体现在：幼儿需要从多种材料中分辨并选择合适材料制作风铃。主要运用穿连技术进行制作，制作中需要注意穿连该材料的合适位置，如纽扣，应选哪个孔穿比较合适（使其不倾斜）；选择塑料瓶作为材料制作的幼儿，需要考虑怎样将线比较牢固地系在塑料瓶上等。在穿连时，还要求幼儿按照一定规律的排列顺序进行。这具有一定的挑战性。

（四）所需资源与场所

材料资源：风铃成品（5 串）、吸管段、小铃铛、瓶盖、木珠、纽扣、螺钉、小玻璃瓶、塑料瓶等。

工具资源：不同粗细的线、剪刀、镊子。

（五）活动过程与步骤

1. 听听猜猜

（1）在幕后悬挂多个不同材料制作的风铃。听到声音后问：猜猜是什么材料做的？引导幼儿感受不同材质的物体碰撞的声音是不同的。

（2）逐一出示风铃，验证是否猜对。

2. 选择材料

（1）观察材料。

（2）按自己的意愿挑选材料。

3. 制作风铃

（1）根据不同的物体选择合适的线。

（2）按一定规律的排列顺序进行穿连。

（3）教师个别指导。

4. 欣赏风铃

（1）请幼儿说说自己的风铃是用什么材料做的，怎么做的，它的优点在哪里。

（2）摇动风铃，引导幼儿听辨声音有什么不同。

总结：不同物体发出的声音是不同的。

（六）可能出现的问题及解决预案

在穿连时，孩子可能会遇上技术上的问题，如穿孔、扎线、打结等。教师可在活动之前让幼儿进行穿孔及扎线打结练习。

（七）预期效果与呈现方式

预期效果：大部分幼儿能按要求穿好风铃串。

呈现方式:以风铃串的方式呈现,待下一个活动开始再进行系吊挂盘技术活动。

（八）对幼儿"益智""养德"方面的作用

对幼儿养德方面的作用是养成耐心做事的习惯。对幼儿益智方面的作用是提高分辨能力,并了解风铃的特点及简单制作的方法。

中篇

转变——尊重差异，基于每一位幼儿主体

科技教育重在科学素养的提升和科学精神的培育。1990年，世界儿童问题首脑会议明确提出了一个口号叫"一切为了儿童"，并提出了儿童优先的原则。这个原则要求世界各国应该向所有的儿童提供基本的生存和发展保护；在所有的社会资源分配的情况下，儿童的基本需求应该得到优先响应。其原因很简单：儿童是一个国家的未来，是世界的未来。1996年，联合国儿童基金会和联合国人居署共同制定了一份国际儿童友好城市的方案。该方案关于儿童友好的内容主要是三个方面：一是保护儿童权利；二是满足儿童需求；三是确保儿童参与。因此，我们的科技教育无论以怎样的方式展开，其本质是充分给予每一位儿童自主权、参与权，让儿童能够主动地发现、探索和体验。

第三章　差异教学开辟科技教育新路径

幼儿科技教育的目标是提升全体幼儿的科学素养,而非部分幼儿的,即要使每一位幼儿在科技教育中得到充分的发展与成长,都能有所得、有所获。但幼儿之间的差异是客观存在且不可忽视的。要如何做才能在幼儿科技教育中促使每个幼儿都得以充分发展呢? 差异教学原理为我们开辟了一条新的路径。

第一节　差异教学原理在幼儿科技教育中运用的研究背景

我园在幼儿园集体性的科技教学活动中,基于幼儿个体间的性别、年龄、认知等差异,立足幼儿个性化的发展水平和学习需求,创设多元化的教学环境、弹性化的教学过程以及差异性的教学目标,以激发每一位幼儿科技学习的内驱力,使其获得科技启蒙教育。

一、现实意义

（一）本研究有助于破解幼儿科技教育的困境

我园自 1997 年开始幼儿科技教育研究至今已有 20 余年了,幼儿科技教育特色逐渐形成,并确立了幼儿科技教育特色课程的教学目标、内容、方法与教学模式。在"情境感染—尝试活动—师幼讨论—幼儿习得—新的情境感染—尝试活动的继续—师幼讨论的继续—幼儿又一次习得"教学模式实施过程中,我们渐渐发现,看似很自主的教学模式其实不太合理。主要表现为对全体幼儿更多的是同一教学目标、教学方法、教学内容和教学评价,忽略了他们个体间存在的性别、个性、生活环境、接受早期教育的程度等方面的差异,致使能力强的幼儿发展更好,而能力弱的幼儿得不到发展。这就直接影响了科技教育的整体效果。通过学习,教师们发现差异教学原理可以解决这一问题。为此,我园着手开展"差异教学原理在幼儿科技教育中运用的研究"课题,旨在从幼儿科技教育中的个体差异出发,实施差异教学,以促使全体幼儿在情感与态度、经验与知识、能力与方法方面获得差异化发展。

（二）本研究有助于提升幼儿的科学素养

幼儿之间的差异客观存在,不同性别、不同年龄、不同认知能力的幼儿往往在学习习惯、行为方式、思维品质和兴趣爱好等方面都存在不同的差异,表现在学习需求和能力发展上也不尽相同。然而,传统教育实施的"齐步走"的教学模式、一刀切的教学要求、大一统的教学进度和同一标准的教学评价却无视个体差异对教学的不同需要,使得"吃不饱、吃不了、吃不好"的现象随处可见。基于素质教育面向全体幼儿、全面发展、主动发展的三大要义,将"面向全体幼儿"放在第一位,这既顺应了教育的发展趋势,也是国家对人才需求的必然。而作为学前教育纲领性文件的《上海市学前教育课程指南》,其最核心的理念也是以幼儿发展为本。这一理念要求教师面向全体幼儿,促进幼儿全面和谐发展,了解每个幼儿的智能优势,开发其潜能。作为培养幼儿喜欢探究、具有初步探究能力的幼儿科技教育活动,其作用是有助于幼儿更好地认识和解释客观世界,这对于不同能力的孩子来说至关重要。为此,我园开展"差异教学原理在幼儿科技教育中运用的研究"课题,以此更好地立足幼儿差异,提升幼儿的科技素养,实现幼儿的可持续发展。

通过查阅文献我们发现,大量研究均阐述了差异教学理论、产生背景、实施策略等,但主要对象是高校及中小学的学生,在学前领域的研究甚为稀少。面对差异教学原理在幼儿园教育教学中,尤其是科技教育中的运用几乎未见的状况,我们尝试将差异教学原理拓展到幼儿科技教育中。

首先,我们从理论角度肯定了在幼儿园科技教育活动中进行差异性教学的价值,给幼儿园教育工作者尤其是一线教师提供了坚实的支持。其次,我们为差异性教学的有效开展提供了实践上的指导,我们在厘定幼儿科技教育活动中差异性教学的概念和主要特征的基础上,立足幼儿科技教学现状,确立运用的原则、策略和方法等,实施差异性教学,并形成了相应的科技教学模式,优化了幼儿园的科技教育。此外,还要凸显幼儿本位的教学理念。随着现代儿童观和教育观的不断深入人心,集体教育的优势和弊端已经为人所了解。差异性教学受到推崇,已逐渐成为科技教育活动的重要途径。我园在实际的科技教育活动中转换站位,立志于在每一位幼儿的原有基础上提升他们的科技素养。

二、研究视域

(一) 布卢姆的目标分类学为本研究提供了评估角度

根据目标分类学所设计出来的教学具有挑战性,可以促进所有学生以较高水平的思维水平进行学习。按照布卢姆的教育目标分类学,思维可以分为六个层次,即知识、理解、应用、分析、评价、综合。知识是最低水平的思维,要求学生回忆先前学习过的事实或其他信息;理解要求学生对所学知识的领会;应用要求学生用他们所学的知识做事;分析要求学生剖析并批判性地审视某个想法;评价指根据一系列指标判断某事物的价值;综合是把事物用新的或其他方式重新组合。六个层次的思维水平是教师进行差异教学的基础,更是进行差异评估的基础。

(二) 加德纳的多元智能理论为本研究提供了评估方式

差异教学的理论基础是霍华德·加德纳(Howard Gardner)的多元智能(Multiple

Intelligences)理论,加德纳在批判智商测试的前提下,提出人是具有多种智能的观点,具体包括语言智能、逻辑-数学智能、空间智能、音乐智能、身体运动智能、人际智能、自我认识智能等。多元智能的提出为我们展示了一个来看待人的能力的新视角。在差异教学中,教师应根据多元智能理论,以赞许的眼光看学生,发现学生的优势智能,扬长补短。同时,在评估的时候要考虑学生的多元智能,方式要多维度、多元化,要发现每个学生的优势智能。

（三）教学过程最优化理论为本研究提供了评估标准

苏联教育家巴班斯基提出的教学过程最优化理论是差异教学的另一个理论基础。它力图使"教学目标""教学内容""教学方法与手段""教学组织形式""课堂结构"都被优化,而且作为一个系统,整体效果也是最优化的。"教学最优化"就是"从顺利解决教学任务和合理消耗师生时间的观点出发,有科学依据地选择并实施既定条件下最佳的教学方案"。教学最优化的标准有:(1)每个学生在教养、教育、发展上都达到符合他最近发展区内实际的学习可能性的水平;(2)教师和学生均遵守医学规定的用于教学和家庭作业的时间定额。教学最优化的方式体系是指教学过程的所有基本成分(任务、内容、条件、方法、手段、形式、结果)最优化方式的总和,并且不是彼此孤立的算术总和,而是相互联系、缺一不可的有机整体。

三、研究基础

（一）从幼儿科技教育研究中寻找研究的起点

"九五"期间,幼儿科技教育在我国幼教界掀起了研究热潮,成为我国教育改革中的热点领域。这不仅弥补了作为青少年科技启蒙教育中"基础的基础"的年龄段——学前儿童科技教育的缺失,还有力地推动了科技教育向学前儿童的延伸。相关研究主要集中在以下几个方面:一是有关幼儿园科技教育课程内容的探讨;二是从科技活动设计出发,寻找课程组织方式;三是科技课程教学方式的研究;四是科技课程实施方式的研究;五是科技课程中师资培养的研究;等等。可见,已有研究偏向宏观与中观层面的问题,而对于目前幼儿园班额数较大的群体幼儿中存在的"个别"差异问题及如何使这部分幼儿得到最大、最佳的发展等方面的研究则较为少见。为此,关注科技教育中群体幼儿中的个别差异是我们研究的起点。

（二）从差异教学现状研究中打开研究的思路

从古希腊的哲学家、思想家、教育家苏格拉底最早提到学生的个体差异并产生"产婆术"的教学方法以来,许多学者如杜威、罗杰斯、维果茨基等都提倡教育要从儿童的天性出发,促进儿童的个性发展。应该说,这些理论都关注了学生的个体差异。21世纪初,美国的教育学者汤姆林森(Carol Ann Tomlinson)被称为是"迄今对差异教学做出最全面研究的人",他的《多元能力课程中的差异教学》和《差异教学的学校领导管理》两部著作对差异教学的研究起到重要作用。美国的戴安·荷克丝(Diane Heacox)在《常规课堂中的差异教学》一书中指出,如果在教学过程中,教师改变教学的速度、水平或类型,就能满足不同学生的学习需要、学习风格或学习兴趣。

（三）从研究文献的梳理中发现研究的价值

纵观国内外对差异教学的研究以及科技教育深入研究的需要,我们将差异教学原理运用于幼儿科技教育的集体教学活动中,探索差异教学原理在幼儿科技教育中运用的原则、策略及教学模式,以此缩小幼儿在情感、知识经验、方法技能等之间的差异。通过差异教学的实施来承认和尊重生命的独特性,为生命独特性的实现创造条件,在每一个独特生命的基础上去促进他们的成长、发展和完善。

第二节　差异教学原理在幼儿科技教育中运用的研究成果

一、明晰了幼儿在科技教育中的差异表现

基于教师的观察,我们通过教师问卷和访谈,了解到幼儿在科技教育活动中存在的差异表现主要在以下方面:

（一）科技教育中的年龄与性别差异

幼儿的年龄和性别差异主要是先天决定的,在科技教育中应遵循幼儿的身心发展规律,对不同年龄段的幼儿和不同性别的幼儿应采取适切的教学方式和方法。

比如,中班"平衡小人"科技活动是让幼儿借助辅助材料,帮助小人保持平衡。教师根据幼儿的年龄特点、兴趣、能力不同提供了不同的材料,让幼儿以制作乐器为载体来制作平衡小人。幼儿在得到任务后开始自主选择材料,并动手操作。以下是我们记录的不同性别与年龄的幼儿的活动表现。

表 3-1　不同性别与年龄幼儿在科技教育活动中的表现

	性别		班级	
	男　17人	女　14人	大班　18人	小班　13人
工具的选择（剪刀、老虎钳、榔头等）	大部分选择老虎钳、榔头等物件	会选择剪刀等不容易受伤的小物件	会选择难度比较大的工具	会选择易操作的工具
材料的选择（螺帽、螺钉、钢丝、扭扭棒、橡皮泥等）	大部分选择螺帽、螺钉、钢丝等	大部分选择扭扭棒、橡皮泥、瓶盖等	会选择以前没有用过的	会选择一直使用的
制作的过程	更注重平衡的状态,会取用不同的材料来适当调整自己的作品	更追求作品的美观、精致	注重挑战怎样更平衡	注重怎样更快完成作品

（续表）

	性别		班级	
	男 17人	女 14人	大班 18人	小班 13人
完成的作品	丰富的材料,平衡小人的大小、款式都不同	比较美观,但材料上不尽相同	形式多样	比较单一
分享的内容	偏重怎么使小人更加平衡,是怎么考虑用什么材料的	偏重作品的美观	注重介绍自己制作的过程、遇到的问题以及成功的经验等	注重介绍自己使用的材料

我们从不同年龄、不同性别的幼儿入手,根据幼儿认知、行为特点对其进行了有效的观察和记录。从中看出,性别与年龄的差异决定了工具和材料的选择也有很大差别。这就对教师在面向全体幼儿的教学活动中如何关注这一差异并采取相应的适切的教学方式和方法提出了挑战。

（二）科技教育中的兴趣与水平差异

幼儿的兴趣与水平差异是先天与后天因素的结合,先天主要与遗传有关,后天则与幼儿的成长环境有关。如在大班"有趣的陀螺"活动开始前两天,教师就跟孩子们商讨关于活动材料的准备工作。

"小朋友们,过两天我们就要制作陀螺了。大家回家自己准备好制作陀螺的材料,好吗?"

"好!"小朋友们十分兴奋。"准备什么材料啊?"旋旋问道。

"你觉得做陀螺都需要准备什么呢?"我问道。

浩浩帮忙说:"当然要用硬纸板,还有火柴、棉花棒、小木棍。"

"老师,硬纸板剪成什么样的?"旋旋提出新的问题。

"你们想做什么样的陀螺就准备什么形状好了。"

"老师,可以给陀螺打扮一下吗?"慧慧也提出新的问题。

"当然可以。你们可以画自己喜欢的图案,在转动时观察图案有什么变化。"

第二天,孩子们带来了各种各样的纸片,有硬纸片、薄纸片、很厚的纸箱片,圆形、三角形、长方形、梯形、椭圆形、心形、五角形等形状的纸片,真是"五花八门"。由于制作方法简单,所以大家很快就制作出各式各样的陀螺。孩子们开始展示各自的杰作,有人发现了陀螺旋转的结果与自己的猜想不一样。慧慧平时比较喜欢画画,所以在整个活动中她比较关注要把自己的陀螺打扮得漂漂亮亮,给陀螺画上好看的图案,看起来还真不错。不过,她的陀螺旋转了一两下就不转了。

"咦! 这是怎么回事呀?"我的疑问引发了孩子们的思考。"图形太大了吧!"旋旋说道。

"可能是牙签太细了,换个棉花棒试试!"浩浩说道。

"纸太薄了,撑不住。"

"她把中间的孔扎得太大了,陀螺都掉下去了!"

"陀螺中间的洞有点歪。陀螺不平就旋转不起来。"

"转的方法不对!"

——这些都是陀螺旋转成功的孩子想到的原因。

教师发现慧慧在活动中比较关注打扮陀螺,这可能是她平时喜欢画画的缘故;旋旋、浩浩平时就比较喜欢玩陀螺,所以在制作过程中比较关注如何将陀螺转得又快又久。从中凸显幼儿个体的兴趣偏好,而且他们对陀螺旋转的思考和探究水平也不同。

(三) 科技教育中的经验与风格差异

幼儿的经验与风格差异更多是后天形成的。这主要是受环境的影响。每个幼儿的成长环境不尽相同,导致他们所接触的人与物也不同,积累的科技知识和经验也不同。因为先天和后天造成的差异,所以不同的幼儿对于科技学习的水平、兴趣、学习风格也不同。在科技教育活动中,年龄和性别的差异是显性的,而兴趣与水平、经验与风格等相对是隐性的。可见,差异是遗传性与获得性的综合。

运动场地上,孩子们开心地拿着各种各样的水瓶冲向各个坡道,根据自己的喜好选择不同的起点。不一会儿,各种各样的瓶子以不同的速度、不同的方向在操场上滚动。孩子们看着自己的水瓶冲到了第一名,冲到了第二名,或者滚到了别的地方,脸上洋溢着不同的表情。一旁,欣欣拿着水瓶在手里把玩着,没有想去玩的意思。

小宇看到她,跑过去拖着她说:"快来玩呀,你看我,我的瓶子跑到了第一名。"说完,把一个装满水的瓶子放在坡道上,一下子瓶子滚到了远处。欣欣看着他,也把自己的瓶子放在了坡道上,可是,她的瓶子却转弯滚到了别的地方。欣欣又一次低下了头。

"欣欣,你的瓶子转弯了,上次我也是,你瓶子里的水太少啦。"小宇帮欣欣捡起了瓶子,又把她拉到了材料取放处,让欣欣挑了一个装满水的瓶子,而自己却左看看右看看,找了一个空瓶出来。他俩又回到了坡道前,小宇先让欣欣滚,欣欣小心翼翼地把瓶子放在坡道上,手一松,瓶子滚得远远的,只见欣欣露出了笑容。而小宇则拿着手中的空瓶也开始玩起来,手一松,瓶子滚到地面打了个滚,又滚到了旁边,而后他试了好几次。

突然,小宇跑到我的面前,说道:"老师,我发现这个空瓶子是这里面最不会滚动的,装满水的是最会滚的,而且滚得又快又直,刚刚欣欣的那个装了一半水的滚了一点点路。"

"你真棒呀,有这么多发现,你看今天旁边的材料柜里又多了一些奇怪的瓶子,你去试一试,会有什么发现呢?"小宇兴奋地跑过去开始尝试,远处欣欣还在那边把玩那个装满水的瓶子,滚了一次又一次。

幼儿的经验与风格差异更多地表现在接触事物后。每个幼儿的成长环境不尽相同,导致他们积累的科技知识和经验也有着明显的差异。风格迥异的个体在科技活动中明显地表现出不同的兴趣点、不同技能的掌握、不同的科技认知以及不同经验的提升。正如活动中的欣欣和小宇：经验比较丰富的小宇会发现问题又会思考解决问题的方法；而性格内向的欣欣相对来说科学经验比较缺乏，自己无法去发现问题，虽然在小宇的帮助下获得了成功，但她却找不到成功的奥秘。为此，活动中教师可通过互动的形式，促使能力强的幼儿带动能力弱的幼儿，让经验更丰富的幼儿通过活动再次提升，并带动其他幼儿。

二、梳理了差异教学原理在幼儿科技教育中运用的结构

差异教学原理在幼儿科技教育中的运用主要采用五分法，即差异化教学的目标、内容、模式、进度与组织形式，以适应幼儿的个体差异和群体差异（见表3－2）。

表3－2　差异教学在幼儿科技教育中运用的结构

差异化的幼儿科技教育		适应相关差异的教学				
		差异化的教学目标	差异化的教学内容	差异化的教学模式	差异化的教学进度	差异化的组织形式
个体差异	兴趣差异	发展性	丰富性	项目学习模式 分层互动模式 个别化学习模式	以幼儿兴趣爱好为起点灵活调整	分组学习与个别学习为主，集体学习为辅
	水平差异	适宜性	层次性		以幼儿认知水平为平台灵活调整	个别学习与分组学习为主，集体学习为辅
	经验差异	梯度性	挑战性		以幼儿的知识经验为支点灵活调整	分组学习与个别学习为主，集体学习为辅
	风格差异	生长性	易接受性		以幼儿学习风格为杠杆灵活调整	个别学习为主，分组学习为辅
群体差异	年龄差异	层次性	阶梯性		以幼儿年龄特点为基础灵活调整	分组学习与集体学习为主，个别学习为辅
	性别差异	递进性	双重性		以幼儿的性格特征为参照灵活调整	分组学习与集体学习为主，个别学习为辅

幼儿科技教育以尝试教学的理念为基础，让幼儿在尝试中学习，提倡"幼儿在前，教师在后""尝试在前，指导在后""活动在前，讨论在后""操作在前，结论在后"的教学。我园在面对不同类别的差异时，对幼儿科技教育中的教学目标、内容、方法与进度都予以了差异化处理。这些将在后面的差异教学原理在幼儿科技教育中运用的策略中具体呈现。

三、确立了差异教学原理在幼儿科技教育中运用的原则

（一）匹配优先与多元互补并重

匹配优先原则是指科技教育的目标、内容、方法、组织形式、进度等要与幼儿的经验水

平、兴趣爱好、学习风格相匹配。

多元互补原则是指教师在科技教育活动中，有意设计和安排能够适应和满足幼儿兴趣爱好、经验水平、学习风格的学习机会，鼓励幼儿尽可能去接触、了解和参与不符合自己兴趣爱好、能力优势或学习风格偏好的学习内容或活动，从而促进幼儿的深度学习，发展幼儿的学习力。

每天的科技小游戏都是孩子们最期待的。从小班玩到大班的"吹泡泡"游戏，让孩子们百玩不厌。进入大班以来，孩子们已经对"玩泡泡"进行了多次尝试，从选用不同的吹泡泡工具到尝试配比不同的泡泡水。他们在尝试实验中，不断地匹配，以满足自身发展的需要。

- 自制不同的工具

起初，我们在游戏中投入了各式吸管、扭扭棒以及塑料铅丝等。孩子们在吹泡泡之前先要尝试自制各种不同的工具，有的孩子用扭扭棒弯成各种图形，有的孩子用塑料铅丝弯成动物形状等，有的孩子则直接选择用各种不同直径的吸管尝试吹泡泡。

- 自制不同的泡泡水

在孩子们对自制工具的兴趣满足后，为了进一步激发他们更浓的兴趣，使游戏延续下去，我们尝试让孩子们自制泡泡水，并提供洗衣粉、洗手液、洗衣液等材料，让他们感知这些材料加水后会自发生成泡泡的现象以及泡泡水对不同材料的要求。在游戏中，有的孩子选择了洗手液，加入水后尝试用工具吹泡泡，多次尝试后都未能吹出泡泡，于是他在容器里继续加水；有的孩子在洗手液中加入水后，马上就能吹出泡泡；有的孩子选用洗衣粉失败后，直接换成了洗衣液。

在同一游戏的不同阶段，教师可有意设置不同的层次。如案例中的幼儿自制不同的工具和不同的泡泡水等。通过提供不同的材料，让幼儿根据自己的兴趣爱好和经验水平各取所需。这里体现了幼儿对自身兴趣、经验的不断调整，即在满足了某一兴趣、达到一种经验后会自动选取与之发展需求相匹配的材料进行尝试和挑战。可见，这些材料有力地满足了有各种差异的幼儿，使其能有不同的选择自主进行游戏。

在我园的科技室里，根据不同的功能划分了材料存放区、信息资源区、探索区、制作区和展示区。通过呈现与主题相关的材料和内容，让幼儿与材料、环境互动，从而获得相关的知识与能力。

这次科技教育系列活动以车子为主题。孩子们在几个区域中，最感兴趣的便是信息资源区，因为那里有琳琅满目的图书、图片以及很多存在电脑里的信息资源。大部分的孩子都选择在信息资源区里。在探索区里，斜坡实验、组装汽车等也能引发很多孩子参与。而孩子们对制作区的兴趣乏之，只有为数不多的几个孩子在制作着汽车。

几天后，教师对孩子们的认知经验以及兴趣爱好有了大致的了解，并尝试让孩子们去改变。于是，在之后的一次活动中，教师先让孩子们说说前几次游戏的经验，并点赞道："哇！孩子们，你们这么棒啊！你们已经寻找到了很多关于汽车的信息、制作了汽车、进行了实验，那么今天的要求是：请你换一个地方去试试，再去学学关于汽车的其他本领。"孩子们在教师的要求下，开始换区域尝试，呈现的结果如下：

孩子们的兴趣有了很大的变化，更多孩子选择了探索区和制作区，而信息资源区的孩子变少了。在前几天搜索资料的基础上和教师的提示下，他们有了大胆的尝试，开始制作与实验。

由于经验差异与认知水平差异，幼儿在选择操作内容时会有差异。这就需要教师在有目的地观察并了解幼儿的偏好基础上，有意识地引导并鼓励幼儿选择、接触更多的内容。这样既满足了幼儿的兴趣需要，又体现了多元互补的原则。如此，幼儿能接触、了解不符合自己兴趣爱好、能力优势的内容，以便完善自己的知识与经验。

（二）长短互动与显隐结合兼顾

长短互动包括两方面含义：一是指在幼儿科技教育活动中，教师利用幼儿感兴趣的事物来推动其自身对原先不太感兴趣的事物或活动产生间接的兴趣，即个体自身的长短互补；二是指利用某个或某些幼儿在某些领域或某个方面的特殊才能，帮助其他幼儿弥补在科技教育活动中的短板或不足，即个体之间的长短互助。

显隐结合是指在幼儿科技教育活动中，教师把幼儿之间的差异当作科技教育资源加以开发和利用，以"同质分组"与"异质合作"的方式进行教学。分组是差异教学在幼儿科技教育中最具显性特点的教学。同时，教师亦可不作任何的分类或分层处理，把"交往""对话"和"协作"因素引入科技教育活动，这就具有隐性特点。

在大班科学活动"好玩的泡泡"中，一开始孩子们就比较兴奋。在第一次探索吹泡泡中，孩子们选择好形状不一样的工具后，便迫不及待地吹了起来。可是一下子问题来了："老师，怎么我的泡泡吹不出来呀？""为什么我吹的泡泡小，她吹的泡泡那么大呢？"孩子们用疑惑的眼神看着教师。教师让有问题的幼儿站到前面来，吹给大家看：阳阳一吹，喷出来几滴水；小宇一吹什么也没有……"请你们找找原因，为什么他们吹不出泡泡呢？"教师的问题引来了有成功体验的孩子的响应。涵涵说："小宇太着急了，吹得太快了。"思远说："阳阳的吹泡泡工具蘸泡泡水太少。"找到问题后，小宇和阳阳再去尝试，终于吹成功了。之后他俩就去帮助其他没有成功的孩子，一边吹一边教别的孩子，并选择了其他工具再试。最终，每个孩子的脸上都充满了成功的喜悦。

在第二次探索拉泡泡时，有了第一次吹泡泡的经验后，这次小宇和阳阳就比较有耐心了，先小心翼翼地吹出了泡泡，最后就能拉出泡泡。此外，他俩凭借自己的经验，在记录表中用绘画、简单文字、基本符号等形式将活动记录了下来。于是，教师就请孩子们将自己的作品介绍给大家。"阳阳，你刚才拉出来的泡泡是什么呀？""我的是一个小雪人，小雪人头上戴了一顶帽子，长长的鼻子……"这时小宇迫不及待地要介绍，小手举得高高的。他介绍了自己拉出来的泡泡："我这个是宇宙飞碟，然后在这个飞碟上面有个外星人，他正在外太空旅行……"一口气说了好多。教师就及时表扬了阳阳和小宇。接下来回答的孩子也都说得很形象具体，充满了想象力。

案例中的阳阳和小宇平时做事常常没有耐心且不够细心。在第一次吹泡泡时都显得比较着急,一个用力过大,一个泡泡水没有蘸均匀,所以屡遭失败。在其他孩子的帮助下,他们找到原因后再次尝试,就成功了。这体现了活动中的长短互助。同时,阳阳和小宇的接受能力比较强,当他们碰到问题时,教师必须积极鼓励他们自己去探索和发现。当他们获得了成功的经验及自信后,教师进一步调动他们的主动性,帮助他们弥补没有耐心、粗心的缺点。这就是个体自身的长短互补。

"筑路"是教师在科技专用活动室里开展的一次大班科学活动。其看似对幼儿来说距离很远,其实不然,马路是幼儿天天都接触的地方。他们对马路上的布局、设施及绿化带等都非常熟悉。设计此活动主要是为了让幼儿在科技操作活动中学习与同伴协商,合作设计"筑路图",并尝试根据小组设计的"筑路图",判断和选择合适材料进行"施工",在协商合作、相互学习中有效开展差异教学。

"筑路"活动确定后,教师事先告诉大(5)班的幼儿活动任务——到科技操作室去"筑路"。因为幼儿最喜欢到操作室里活动,所以他们非常高兴地接受了任务,并了解了完成任务可选择的材料(纸板、球杆、尺、木块、线段、粘贴工具等)。之后,教师引导他们自由组合,三人一组。在组织施工队的过程中,教师根据幼儿的性格特点、经验差异对各组进行了微调,如同质分组:能力强的与能力强的分一组,能力弱的和能力弱的分一组;异质分组:能力强弱不同的幼儿搭配分一组。幼儿找到伙伴后,就开始协商图纸的设计,并在操作室中完成。

一切就绪后,科技操作室的活动开始了。教师邀请"设计师"介绍图纸,各小组推荐一名幼儿主讲,其他两位补充(这样的要求使得每组三位幼儿都需要充分了解自己小组设计的意图,能用语言清楚表达自己小组设想筑什么样的路及其理由。这样,不管哪位幼儿都有机会表现)。介绍完后,大家根据每个组介绍的先后次序,给马路图纸编上序号和编号,主要是为了让幼儿相互明确各小组"铺筑"的是哪条路。各小组分别持图纸尝试协商和分工,教师引导幼儿知道"商量可以让我们大家的想法变得一样,分工可以让我们知道自己要做的事"。协商后,幼儿开始选择材料和场地进行"施工"。在这一过程中,幼儿表现各异,有的在指挥,有的找材料,有的在分析图纸,但每个幼儿都动起来了。那些原本能力弱或内向的幼儿在同伴的带动下,也积极投入活动。在大家齐心协力下,各组都很快地完成了"筑路"。有纸板制成的、有球杆与纸板拼接成的、有木板制成的、有塑料板制成的等。"马路"上也出现了各种设施,如"隔离带""绿化带""红绿灯""斑马线""路灯"……

"筑路"完成后,请各组幼儿展示"马路",一起分享交流和比较各条"马路"的优缺点。正当幼儿对合作完成的"马路"十分满意时,教师提出疑问:"马路筑得是否牢固? 车辆行驶在车道中是否会发生碰撞?"这一问题激起幼儿很大的反响。最后,大家决定:用行驶电动玩具车的方法来检验"马路"的可行性。孩子们都趴在地上,开始实验……每一位幼儿在整个活动中始终兴致勃勃,尽情享受着合作带来的快乐。从他们的笑脸中看出合作给他们带来的那份自信。

在活动中，教师充分利用幼儿之间的差异，并以此作为教学资源。根据幼儿经验的差异、性别的差异、兴趣爱好的差异等进行分组，以"同质分组"与"异质分组"进行教学。教师有意设计和安排能够适应和满足幼儿各种兴趣爱好、经验水平、学习风格的学习机会，鼓励幼儿在优先选择与自己的兴趣爱好（选同伴、设计图纸、选材料等）、能力优势（介绍图纸、分工等）和偏好的学习风格（同伴合作互助）相一致的学习内容与方法的前提下，尽可能去接触、了解和参与不符合自己兴趣爱好、能力优势或学习风格偏好的学习内容或活动，以便完善幼儿的学习机能。

显隐结合可以弥补单纯的显性原则和隐性原则所存在的不足，通过对不同的幼儿进行有针对性的分类、分层，使"因材施教"尽可能得到实现，达到显性和隐性教学策略的有机融合。这样，幼儿的"个体差异"资源就能得到很好的利用。他们在交往互动中能相互学习、共同成长与进步，并获得最佳发展。

四、提炼了差异教学原理在幼儿科技教育中运用的策略

如何根据幼儿的经验水平、兴趣爱好、学习风格的不同，在集体科技教育活动中实施差异教学？我园在实践的差异教学过程中探索出了一些可行的策略。

（一）幼儿个体差异的全面动态测查策略

布鲁姆把某项学习任务所需的必要的学习称为"认知前提能力"。在幼儿科技教育中，为了掌握和缩小幼儿的差异，我园进行了"认知前提能力"的相关测查，即对幼儿在科技教育领域差异的测查。测查内容为幼儿的科学素养，包括情感与态度、知识与经验、方法与技能等差异；测查类型分为对个体间差异的测查和个体内差异的测查；测查形式分为小班入园测查、年度测查、专题前后测查、活动前后测查等，形式不一，既考虑系统性又考虑连贯性且有侧重点。测查的方法多种多样，有直接询问、行为观察、测验、问卷等。我们根据幼儿特点以及幼儿科技教育的特点，基本采用了行为观察法和直接询问法。在测查过程中我们遵循动态性原则，即测查不是一次性的，而是多次的。通过测查了解幼儿的个体差异与学习基础，然后激发不同幼儿的学习动机。

【案例】 集体教学中的科学素养测查

一、入园初测查

幼儿入园初，开展"毛毛找朋友"的集体科技教学活动，旨在让幼儿发现生活中有毛的物品，初步了解它们的作用并乐意把自己的生活经验告诉大家。活动分为三个环节：第一个环节是认识小熊——毛毛；第二个环节是找找周围有毛的物品；第三个环节是比较不同，区分软毛和硬毛。测试结果如下：

表3-3 入园初的科技素养测查

项目	内容	入园初测查（人）		
		☆ （5分）	△ （3分）	○ （1分）
情感与态度	1. 对周围较明显的刺激产生好奇,参加探索活动	6	12	7
	2. 向同伴交流自己的探索结果	3	9	13
	3. 对身边的一些新奇的科技现象感兴趣,问"是什么""为什么"	2	6	17
	4. 与同伴合作进行探索或制作活动	3	5	17
方法与能力	1. 用感官观察和探究周围事物并提出相关问题	2	6	17
	2. 用言语、绘画的形式表达自己在探索、观察中的发现	4	10	11
	3. 利用以往经验进行猜测和尝试	5	11	9
知识与经验	1. 了解周围自然界一些简单的自然现象,了解四季明显特征	5	12	10
	2. 了解身体的外形结构和五官的主要功能	4	10	11
	3. 了解日常生活中常见的一些用具的名称及其用途,学习避开日常生活中可能出现的一些危险因素	4	11	10
	4. 了解简单的科技现象,了解常见的科技产品	3	8	14

通过表3-3中的分数可以看出幼儿之间的差距比较大,不少幼儿参与探索活动的积极性很高,却不愿思考并提出问题。在与同伴合作和用感官探索周围事物并提出相关问题这方面,幼儿间的能力差距比较大,能力弱的幼儿偏多。

二、学期中测查

学期中间,我们开展了一节"躲起来了"的集体科技活动,旨在让幼儿发现动物皮毛花纹的不同,并尝试按动物皮毛花纹对其进行归类。第一个环节是通过画面展示动物的皮毛;第二个环节让幼儿观察画面的细微处,并尝试通过验证知道原来很多动物身上的花纹都不同;第三个环节通过交流和验证,让幼儿知道原来动物喜欢吃的食物也是不一样的,有爱吃肉的,也有爱吃草的。

表3-4 学期中的科技素养测查

项目	内容	期中测查		
		☆ （5分）	△ （3分）	○ （1分）
情感与态度	1. 对周围较明显的刺激产生好奇,参加探索活动	13	9	3
	2. 向同伴交流自己的探索结果	7	12	6
	3. 对身边的一些新奇的科技现象感兴趣,问"是什么""为什么"	5	15	5
	4. 与同伴合作进行探索或制作活动	5	16	4

（续表）

项目	内容	期中测查		
		☆ （5分）	△ （3分）	○ （1分）
方法与能力	1. 用感官观察和探究周围事物并提出相关问题	6	13	6
	2. 用言语、绘画的形式表达自己在探索、观察中的发现	8	12	5
	3. 利用以往经验进行猜测和尝试	10	10	5
知识与经验	1. 了解周围自然界一些简单的自然现象	9	12	4
	2. 了解身体的外形结构和五官的主要功能,了解常见的动植物的明显特征及其与人类的关系	6	14	5
	3. 了解生活中常见的一些用具的名称及其用途,学习避开日常生活中可能出现的一些危险因素	7	15	3
	4. 了解简单的科技现象,了解常见的科技产品	8	13	4

表3-4中的分数显示出幼儿是在进步的,尤其是在方法与能力以及知识和经验这些方面。幼儿现在能利用自己以往的经验进行猜测和尝试,并能提出一些相关的问题。

三、学期末测查

学期结束之前,我们开展"与米奇一起玩沉浮"这项科技活动,让幼儿感知沉与浮的有趣现象,愿意动手尝试并仔细观察,把观察到的现象表述出来。这个活动通过三个小游戏让幼儿感知硬币放入魔法瓶会沉下去,塑料的小鱼放入魔法瓶中会浮起来,葡萄干放入魔法瓶中会一会沉下去,一会浮上来。测试结果如下:

表3-5 学期末的科技素养测查

项目	内容	期末测查		
		☆ （5分）	△ （3分）	○ （1分）
情感与态度	1. 对周围较明显的刺激产生好奇,参加探索活动	22	2	1
	2. 向同伴交流自己的探索结果	18	5	2
	3. 对身边的一些新奇的科技现象感兴趣,问"是什么""为什么"	16	6	3
	4. 与同伴合作进行探索或制作活动	17	5	3
方法与能力	1. 用感官观察和探究周围事物并提出相关问题	16	5	4
	2. 用言语、绘画的形式表达自己在探索、观察中的发现	18	4	3
	3. 利用以往经验进行猜测和尝试	18	6	1

（续表）

项目	内容	期末测查		
		☆ （5分）	△ （3分）	○ （1分）
知识与 经验	1. 了解周围自然界一些简单的自然现象	18	5	2
	2. 了解身体的外形结构和五官的主要功能，了解常见的动植物的明显特征及其与人类的关系	16	6	3
	3. 了解日常生活中常见的一些用具的名称及其用途，学习避开日常生活中可能出现的一些危险因素	20	4	1
	4. 了解简单的科技现象，了解常见的科技产品	18	5	2

从表3-5可知，幼儿在情感与态度、方法与能力、知识与经验方面有了很大的进步，大部分幼儿进入了5分的行列，能对新奇的科技现象感兴趣，并能提出问题，用自己的方式表达自己在探索、观察中的发现。

教师通过三节集体科技教学活动，对班级的25名幼儿进行了入园初、期中及期末三个阶段的三次测查。由三次测查结果的数据表可看出，经过一学期的科技教学活动，幼儿之间的差距愈来愈小，科技方面的能力也愈来愈强。

（二）教学内容针对性的选择与设计策略

对幼儿实施差异化教学，势必会涉及教学内容的选择。鉴于每班现有幼儿人数无法实施小班化教学，在实施差异教学时，我们首先根据不同年龄段的幼儿选择符合其年龄特点的教学内容；其次是对于平行班幼儿采用一致的教学内容；再次是同一年龄段的各个班级围绕共同的教学内容，在设计活动方案时制订符合本班幼儿差异化的教学目标，这就要求既考虑幼儿的年龄特点又充分尊重幼儿的差异。在这样的前提下，虽然教学内容可能相同，但是在实际的活动过程中，内容相应地会有所调整，即对活动的数量和范围、内容的深度和难度、内容的顺序和进度作适当的调整。

（三）挑战性学习目标的预设与生成策略

我园制订与实施了科技教育的并列式教学计划，促使幼儿的共性和个性得以有机统一，从而最大限度地满足幼儿的学习需要。并列式教学计划又分为纵向并列和横向并列，纵向并列将教学计划分为左右两部分，而横向并列则将个性设计的计划穿插在共性设计的计划中。在此计划下，面对一个班级的全体幼儿，教师预设共同性的学习目标和差异性的学习目标。共同性学习目标的预设方法是在幼儿群体的最近发展区制订有挑战性目标。差异性学习目标的预设方法是基于测查结果而制订照顾差异的个性化目标。同时，在活动过程中会灵活调整差异性学习目标，也可能会生成新的个性化学习目标。

（四）教学组织形式的多元协同实施策略

我们科技教育的活动形式主要指集体教学活动。因此从合理、有效应用差异教学原理的前提出发，多采取以小组为基础、多种组织形式的学习策略。这种小组教学不是一成不变的，需要教师选择教学内容，并根据不同的内容灵活选择活动形式。小组教学、全班教学、个别教学这三种组织形式的灵活转换，发挥了不同组织形式的最大效能。同时，根据不同年龄班会有所侧重。其中在分组教学时有同质分层法、异质合作法，也有两者相结合的方法，而我们主要采取的是隐形分层和动态分层。需要说明的是，采取何种分层是不对幼儿公开的，以避免对弱势幼儿造成心理阴影。

（五）教学方法和手段的多样化运用策略

灵活多样的教学方法和手段是使教学达到预期目标的重要条件之一，而在科技教育中运用怎样的教学方法、采取何种教学手段则建立在充分了解每一位幼儿科学素养现状的基础上。不同的年龄、不同的能力水平、不同的学习风格，可接受的教学方法也是不同的。这就要求教师必须灵活运用教学方法，因为幼儿的表现有时候是出乎教师的意料的，教师要根据幼儿的反应适时调整教学方法，选择适合幼儿当下的学习需求和能力表现的方法或手段。在幼儿科技探索活动中，教师应采用全面兼顾与个别指导相结合的方法。这对教师提出了很高的要求，需要教师精心设计科技活动方案，每一个活动环节都要考虑不同幼儿的需要。

（六）良好学习环境的多维立体熏陶策略

创设能尽量缩短幼儿之间差异的环境也是科技教育活动所关注的问题，包括创设良好的物理环境和心理环境。良好的物理环境又包括优质的物质环境和先进的信息环境。良好的心理环境包括教师接纳全体幼儿，认同幼儿个体间的差异和个体前后的差异，建立民主、平等、和谐的师幼关系等。

在集体科技活动的差异教学中，良好学习环境的创设应遵循幼儿身心发展的规律以及尊重个体之间的差异。这不仅能让幼儿体验宽松和愉悦的氛围，也能更好地引发幼儿探索的欲望。多维立体的熏陶能潜在地促成活动目标的达成，满足幼儿的不同发展需求，使其得以在原有的基础上得到差异化的提升和发展。

五、形成了差异教学原理在幼儿科技教育中运用的模式

（一）项目学习模式

项目学习模式强调在幼儿科技教育活动过程中的自我决策、同伴间的合作交流、弹性的（非限制的）实践活动。项目化学习这一差异化教学原理在幼儿科技教育中的运用，能引导幼儿的多元探索及个性化表达。

在实践过程中，我们以幼儿的个体差异与群体差异为前提，通过不断地"行动—改进—再行动—再改进"，提炼出"四性、五步、七要素"，并以此为支架组织科技教育活动。

（二）分层互动模式

分层互动教学模式是指教师在科技教育活动中，根据幼儿的个体差异、群体差异及潜力倾向，隐性地将幼儿分为水平相近的小组，并将幼儿的发展差异视作学习资源，利用小组合

作学习和人际互动,激发幼儿的学习兴趣,发展幼儿的科技素养。同时,教师利用带有明确指导信息的教学设备、教学资料、学具、玩具等,根据不同幼儿的兴趣、发展水平,引导幼儿根据自己的能力分组,并尝试探索解决问题的途径与方法,完成学习、探索、操作的任务。分层互动使幼儿在接受挑战和实现跨越过程中形成互帮互助的活动氛围。

（三）个性化学习模式

个性化学习模式是指在科技教育活动中,教师运用差异教学原理,设计适合不同年龄段幼儿、满足幼儿个性需要的科技教育活动方式。针对幼儿学习方式的五大特征,一是主动性"我要学",二是独立性"我能学",三是独特性"个性与差异化",四是体验性"深度融入",五是问题性"实战实操",教师以幼儿为中心,突破正式学习与非正式学习的界限,让幼儿的科技学习时时发生、处处发生。同时,根据幼儿不同学习方式的需求,进行人、空间、资源、教学的深度融合,让"空间功能、资源服务、教学协作、自主探索、数字体验"集合到一起,支持幼儿更多学习方式的展开,使幼儿的科技学习更加充满学习性、体验性、生活性、游戏性和科技性。

第三节 差异教学原理在幼儿科技教育中运用的实践收获

一、差异教学原理在幼儿科技教育中运用的成效

（一）差异教学原理在幼儿科技教育中的运用发展了幼儿的科学素养

我们运用差异教学原理开展幼儿科技教育活动遵循"关注幼儿的差异,承认幼儿的差异,在差异中求得幼儿的整体发展"的理念,以促进幼儿科学素养的提升。

1. 幼儿科学素养培养的描述性统计

为考察幼儿科学素养的总体特征,我们对我园90名幼儿(小中大班幼儿各30名)进行观察与评价,针对幼儿科学素养及其三个维度的均值和标准差进行描述性统计,结果如表3-6所示。

表3-6 幼儿科学素养描述统计

维度	人数	极小值	极大值	均值	标准差
认知与经验	90	3.00	5.00	4.4212	0.49332
情感与态度	90	2.60	5.00	4.2380	0.60699
方法与技能	90	1.20	5.00	3.8302	0.80851
科学素养总体	90	3.00	5.00	4.1879	0.50037

从上表可知,幼儿科学素养的得分范围在1~5之间,理论中值为3分,本次评价中幼儿科学素养得分为4.18分,处于中等偏上水平。总体而言,幼儿科学素养水平较高。

在幼儿科学素养各因素中,认知与经验的均值最大,为4.4212,而方法与技能的均值最小,为3.8302。在科学素养三个因素上的得分按从高到低排序为:认知与经验>情感与态度>方法与技能。

2. 幼儿科学素养在人口变量学上的差异分析

(1) 幼儿科学素养在性别上的差异分析

表3-7　幼儿科学素养在性别变量上的差异比较

维度	男	女	T	p
认知与经验	4.40±0.56	3.83±0.81	−2.404	0.160
情感与态度	4.43±0.48	4.13±0.78	−1.459**	0.010
方法与技能	4.25±0.60	3.90±0.63	−1.391	0.682
科学素养总体	3.75±0.60	4.20±0.49	−2.179	0.906

注:** 表示 $p \leqslant 0.01$。

由表3-7可见,幼儿科学素养的各个因素在性别、情感与态度方面呈现出显著差异,男孩显著大于女孩。在性别上,男孩在各个维度的得分均高于女孩,但总体上没有显著差异。

(2) 幼儿科学素养在年龄上的差异分析

表3-8　幼儿科学素养在年龄变量上的差异比较

维度	3~4 岁	4~5 岁	5~6 岁	F	p
认知与经验	4.2±0.59	4.45±0.54	4.69±0.42	5.00**	0.002
情感与态度	4.3±0.50	4.39±0.50	4.64±0.38	2.833*	0.040
方法与技能	3.7±0.74	4.25±0.62	4.40±0.60	2.875**	0.004
科学素养总体	4.1±0.66	4.21±0.67	4.42±0.62	3.627*	0.014

注:* 表示 $p \leqslant 0.05$,** 表示 $0.001 < p \leqslant 0.01$。

由表3-8发现,幼儿科学素养在年龄上有显著差异,总体上各个因素的得分随着年龄的增加而增加,其中3~4岁幼儿科学素养得分最低,5~6岁幼儿科学素养得分最高。幼儿科学素养各要素中情感与态度在年龄变量上有显著差异,认知与经验以及方法与技能在年龄变量上有极其显著差异,p 值小于0.01。

(二) 差异教学原理在幼儿科技教育中的运用促进了幼儿学习方式的变革

我们运用差异教学原理开展幼儿科技活动时,会从满足每个幼儿的兴趣出发,在引导幼儿探索、创新的同时,变革幼儿的学习方式。

在科技活动中,没有口若悬河的教师,只有忙着完成一个个"项目"的幼儿和他们的促学者。教师们不用侃侃而谈,给幼儿灌输一些他们不感兴趣的内容。幼儿不用专注地坐在自己的座位上,等待着教师来传授知识。他们关心的并不是那些客观事实和科学定律,而是能否根据自己的兴趣和能力进行自主活动,并通过实践积累和操作活动的经验感受,使沉睡着的潜力发挥出来。如科技操作室内,幼儿会自主地选择区域和活动的材料,自发地与同伴商讨制订各种活动计划与规则,在碰到问题和困难的时候会自觉地根据教师提供的支持性材料和环境进行探究,或找寻教师和同伴的帮助。在乐器制作时,幼儿会从纷杂的材料中选择适合制作乐器的材料,再选择合适的粗加工区域进行加工。在此过程中,还涉及设计图的规划、同伴间的合作等步骤(幼儿都会自主地完成,不再需要教师的引导),其自主性得到充分显现。同时,每位幼儿都有自己的任务——制作一个他们有能力去完成的乐器,在以"基于任务意识"活动方式的驱动下,不同能力水平的幼儿都会带着各自的计划和目的完成预期目标。此外,幼儿的自我评价能力会逐步发展,自我评价意识会逐步彰显。因此,他们不再轻信教师和他人的评价,而是把自己的活动结果作比较客观的分析。

科技教育中的差异教学促使幼儿的学习由积极式的学习转向有意义的探究式学习。这样的学习方式更有利于不同能力水平幼儿的学习,它把幼儿之前那种按部就班的线性学习转向了具有个性特征的跨越式学习,使幼儿由局限于园内的学习转向了超越幼儿园围墙的学习,从而体现因人而异的差异教学原理。

(三) 差异教学原理在幼儿科技教育中的运用变革了教师的教学范式

1. 教师加深了对差异教学理念的认同

教师加深了对差异教学理念的认同,转变了自身的角色,挑战了旧的教学方式。针对幼儿的现实能力和潜在的接受能力,设计科技教育活动的目标与内容,采用适切的差异教学方法,通过问题驱动、情境创设等模式引发幼儿的认知冲突,促使其从"接受学习"变为"主动学习",最后到"学会学习"。

2. 变革了教师的教学范式

差异教学原理在幼儿科技教育中的运用实现了教师教学方式的变革。在科技教育活动中,幼儿的生动活泼、好奇好问相比其他活动表现得更为淋漓尽致。因此,教师自然而然地放手了,给予幼儿最大的探索空间,积极鼓励幼儿的探索行为,根据幼儿的差异及时做出反应、调整教学策略,成为幼儿自主探索的引导者、支持者、合作者,促进幼儿的发展。

【案例】科学活动"回旋镖"的差异设计

	常规教学活动设计	差异教学活动设计
教学准备	拱形叶片、双面胶	两类不同叶片(平面叶片、拱形叶片),两种制作好的镖(普通飞行镖、回力镖),制作解析视频,双面胶,透明胶,订书机,回形针

（续表）

	常规教学活动设计	差异教学活动设计
教学过程	一、引起兴趣 师:今天老师带来了两种镖,你们看看有什么不同(老师演示玩两种镖) 幼儿交流 二、尝试制作 师:你们想不想自己制作一个回力镖 幼儿制作(教师提供多套制作步骤图) 三、分享喜悦 师:一起来比一比谁的回力镖飞得漂亮	一、引起兴趣,发现问题 师:今天老师带来了一批新玩具,大家可以尽情地玩。有个小秘密,这批玩具看似一样,其实是两种东西。玩的时候你们可能会有新的发现 (幼儿游戏) 二、积极探索,解决问题 师:在玩的时候你有什么发现 (幼儿交流) 师:你们觉得哪个更好玩 师:那就自己去尝试制作一个回力镖,在制作过程中遇到困难可以寻求帮助 三、体验快乐,分享经验 师:交流一下你成功的秘诀

　　同一位教师的同一个教学内容,在参与课题研究前后可呈现出完全不同的两种设计思路。可从表格中看出,教学准备、活动流程设计以及提问设计体现了教师的教学水平得到了成长。第一个教学活动中,教师的教学准备仅限于幼儿能制作一个和教师一样的回力镖所需的材料;教学过程设计也可看出教师是极为典型的教育者角色,提供了制作步骤图,让幼儿按步骤操作,形式上仅将语言变成图解;提问也只是给幼儿交代任务。而第二个教学活动中,教学准备相当充分,目的是让幼儿在自由选择不同材料的过程中找到合适的一种;活动过程的设计是让幼儿在游戏中自己去探索、去发现回力镖和普通镖的不同并探索制作回力镖的方法。同样,教师的语言也是如此。

　　在实践中,教师不断研究教与学的关系,通过对同一个活动的多次教学,获得关于如何根据幼儿的差异实施差异教学的经验。同时,观察探索幼儿科学学习的行为和过程,针对教学活动,不断提出问题并及时分析修正,以个人的教学行为研究和集体协作的教学行为研究相融合,从而最大程度地实现教育理念与教育行为之间的转变。

　　（四）差异教学原理在幼儿科技教育中运用,营造了有效的科技学习环境

　　1. 物质环境为幼儿的差异学习提供隐性支持

　　物质环境对幼儿科学素养的发展具有重要影响。为此,我园努力创造各种利于幼儿科学素养培育的物质环境,打造了科技操作室与科学发现室两个科学专用活动室,以及小小农庄与田野博物馆两个田野科学探究基地。没有整齐划一的任务要求,幼儿的行为不受限制。教师将教育目标、教育意图通过环境的创设、材料的投放、活动内容与形式的建议以及伙伴间的影响实现隐性渗透。

　　如在科技操作室内,我们把整个操作室分成若干个活动区域,使幼儿能够在比较独立的环境中进行操作。为了能更好地体现操作室的灵活多变和满足不同能力水平幼儿的需求,

操作室内多了可以自由组合的操作台、置物架等。操作的内容可有不同的变化,尽量使相类似的操作内容放置在同一个区角,同时体现年龄分层,尽量为不同发展水平的幼儿提供灵活多变的结构布局。

实践证明,无论是能力强的幼儿还是能力弱的幼儿对科学操作室这种开放的、低结构的自然状态的环境都非常偏爱。在科学操作室里,幼儿可自主活动。可见,优越的物质环境是在科学教育活动中实施差异教学的基础。

2. 信息环境优化了幼儿差异学习的过程

在实施差异教学的过程中,我们梳理了幼儿可用的信息环境,主要包括电脑、电视、智能笔、电子显微镜等各种利于幼儿探究的新奇的信息环境。新型教学环境的营造改变传统教学结构,使幼儿从依赖教师传授知识转向学会利用资源媒介进行学习。

一是打造了和谐共处的人文环境。如在屋顶菜园里,幼儿使用录音笔探究植物生长过程,是一个循序渐进的过程,需要一个、两个、三个……更多的幼儿使用录音笔共同完成对他们所认定的植物生长过程的探秘,最终形成一些相对一致的认识。每个幼儿的能力差异客观存在,他们对同一植物生长变化的观察能力、分析植物生长与周围环境的相关性能力有强有弱,在此过程中需要大家一起收集相关信息,共同探讨彼此感兴趣的问题,一起完成对该植物相关问题的录音,最终达成情感的共鸣和信息的对称。

二是营造了宽松愉悦的心理环境。在把信息技术运用于科学活动的过程中,幼儿一般会采用文本、图像、录音、视频等形式的信息内容。他们的各种感官共同参与科学探究活动中,有利于科学知识经验的获取和兴趣的保持。如田野博物馆(有别于传统意义上的菜园)让空间潜能、绿色植物的多重效益得到完善和充分发挥。这样一种生态体系中的空中廊道体现了一种全新的绿色理念,对幼儿来说无疑是全新的信息环境,包括幼儿在屋顶菜园里的探究所用到的各种新型媒介,都为幼儿的学习提供了更广阔的空间。虽然幼儿对信息环境的感悟能力是不同的,差异明显存在,但幼儿在新奇的信息环境中,所感受到的、学习到的、探究到的是传统的种植园地无法替代的。

二、差异教学原理在幼儿科技教育中运用的创新价值

(一) 价值突破:从学前领域缺失到学段边界延展

丰富了差异教学原理的实践研究成果,在现有的研究成果基础上补充了幼儿园领域的研究成果,延伸了差异教学原理在学前教育领域的实践运用。

(二) 内涵重构:从关注教育目标到聚焦科学方法

为幼儿园科技教育提供教与学的新范式,即差异性的教学范式与学习方式,使幼儿的科学探索与素养培育真正落地。

(三) 素养互生:从缩小差异到美好师生关系培育

在认同与接纳幼儿的差异中更多地体现了教师的人文关怀,以教育者的情怀呵护幼儿,

培育向善向上的教师素养，也符合学段特点。

三、差异教学原理在幼儿科技教育中运用的展望

一方面，从研究成果的呈现形式来说，尚需要进一步细化并聚焦科技教育活动中幼儿发展的差异，并实施有针对性的研究，形成一系列可操作的教学活动方案，以供借鉴与推广。

另一方面，从课题的深化研究角度来说，有待从关注集体教学活动中的差异转向区域活动中的幼儿差异，继续开展差异教学原理在幼儿科技探索区域活动中运用的研究，由点到面地彰显幼儿园特色。

第四章　项目化学习成就幼儿自主成长

科技教育所面对的主体是幼儿而非教师,其以幼儿的全面发展为目的,帮助他们打下坚实基础,以适应未来社会的需要。因此,在科技教育中,我们要重点关注幼儿的需要,给予他们自主权,让他们能够主动探索、发现,从而获得科技知识和技能,为未来发展奠基。

第一节　项目化学习在幼儿科技教育中运用的缘由与理论基础

一、项目化学习的内涵与实施流程

项目化学习(Project-Based Learning,简称 PBL),来源于杜威的"做中学"思想,于 1918年由著名教育家克伯屈首次提出,在欧美国家的学校教育中得到了广泛应用。在我国,对项目化学习也有过一些探索,但基础教育领域更多的是在中小学校的学科教育中应用。近两年,上海的学习基础素养项目组"项目化学习实验室"在借鉴国外研究成果的基础上,开展了本土化的实践探索。也正是如此,才有了面向幼儿的项目化学习的尝试。

(一) 项目化学习的内涵

国内学者对项目化学习的翻译名称不尽相同,有"项目学习""基于项目的学习""项目化学习"等,对应的也有相关界定。虽然侧重点不同,但其核心思想却是一致的,即"强调的是儿童以团队合作的方式探究性地解决真实情境中的问题,儿童在探究过程中学习及应用学科思想,与教师、社区成员等参加协作性的活动,一同寻找问题解决的方法,创制出一套能解决问题的可行产品"。可见,项目化学习具有问题的真实性、过程的探究性、同伴的协同性、结果表达的多样性等特征。

(二) 项目化学习的实施

学习基础素养项目组建构了项目化学习的基本流程,即驱动性问题设计→项目探究→成果分享→学习评价。每一步都有具体的操作要求,如第一步的驱动性问题设计,需要的问题是指真实世界中遇到的、开放又没有简单答案的、激发想象力和持续探究兴趣的问题。第二步的项目探究,要求活动方案的设计要根据儿童的实际情况及项目主题确定学习目标,根据每位儿童的智能、知识、合作状况等进行分组,确定实施过程所需的资源,初步规划项目实施的基本流程。第三步成果分享的前提是要制作产品,且分享交流的形式要多样化。第四步的学习评价,大致包括确定所要评价的关键概念或能力、明确评分方法、设计过程性评价工具和设计结果性评价工具。

通过案例解读,学习基础素养项目组找到了幼儿在项目化学习过程中的三大支持:一是真实的问题情境,这是项目化探究的出发点;二是提供相适宜的学习和探究工具;三是倾听、合作、探究、专注反省等指向素养的规则(一方面提示教师主动进行角色转换,另一方面支持幼儿更专注于探究并充分体验过程)。

二、项目化学习在幼儿科技教育中运用的缘由

(一) 项目化学习由来已久,本土性的探索正当热烈

项目化学习已有百年历史,在国外尤其是欧美国家的研究和实践较为成熟。国内项目化学习研究在学习基础素养项目组的带领下,正开展得如火如荼。正如夏雪梅博士所言:"2019 年基础教育风向标是项目化学习。"可见,项目化学习在前两年探索的基础上,正乘胜追击,一路向前。之前的研究已涉及幼儿园学段,但仅限于点上的探索。之后将会涌现更多的实践性研究及其丰硕的研究成果。

(二) 幼儿科技教育的研究较为普遍,但仍要与时俱进

20 世纪 90 年代至 21 世纪初是科技教育研究的高峰。近些年来,幼儿科技教育研究仅限于一些经验型小论文,较为零散、不成体系。虽然研究成果有很多,但其核心内容没有深入发展,未紧随时代发展和教育改革潮流。因此,现阶段我们需要开拓新的研究视域。基于此,我园将始终坚守幼儿科技教育,一如既往地向纵深推进,将项目化学习融入幼儿科技教育,与时俱进,促使其焕发生机,为幼儿的全面发展赋能。

(三) 幼儿科技教育遇见项目化学习,是当下的应有之义

夏雪梅博士曾指出:"高质量的项目化学习是素养时代最为重要的一种学习方式,它指向学习的本质。"驱动性问题的设计、对大概念的追求、持续探究的过程性、指向核心知识等重要特征,使项目化学习具有很强的包容性。它既是一种学习方式,又是一种课程的结构方式,指向知识观的变革与人的心智的自由迁移。可以说,项目化学习不管是被视作幼儿的学习方式还是课程的结构方式,都与幼儿科技教育有着天然的联系。有了项目化学习这一新的学习方式,幼儿科技教育必将有新的视野、新的理念、新的形式。为此,我们通过项目化学习在幼儿科技教育中的实践与研究,让我园的幼儿科技教育与时俱进,有新解读与新实践,并为幼儿带来新的体验,最终实现素养提升的成长旨归。

三、项目化学习在幼儿科技教育中运用的理论基础

(一) 体验式学习理论:为项目化学习在幼儿科技教育中的实践提供逻辑起点

体验式学习理论主张在亲身体验中获得知识,是最基本最自然的一种学习方式。"体

验"一词中的"体"即"身体","验"即"经验"。体验式学习要经过大脑、肢体、五官等感觉器官的综合调动来获得过程和结果的经验,强调通过实际思维和行动的"做"来完成。其中,库伯创造性地将体验式学习用学习循环模型来表示:具体体验、观察、反思、抽象概念和归纳的形成、主动体验。这一理论指导我们在幼儿科技教育的项目化学习实践过程中,注重幼儿真实的学习体验,将自我与周围生活世界建立关联,借助真实环境中的亲身体验,并通过观察、反思,归纳相关的科学概念,以发展科学素养,将"研"与"学"更紧密地结合,焕发项目化学习在幼儿科技教育实践中的活力,发挥项目化学习的最大价值。

（二）"做中学"理论:为项目化学习在幼儿科技教育中的实践开辟新视角

杜威的"做中学"理论认为,幼儿关心的并不是那些客观事实和科学定律,而是直接材料的操作和简单能量的运用,以产生有趣的结果。这一理论指导我们:项目化学习在幼儿科技教育中的实践是引导幼儿从"读科学"转向"做科学"的过程,让幼儿在动手动脑、自信决策、自主探究、自由探讨中获得直接科学经验。同时,给予幼儿最多的时间、最大的空间进行深入持续的科学探究,而不是让幼儿静态地、被动地吸收知识。

（三）"建构主义"理论:为项目化学习在幼儿科技教育中的实践提供方法论

建构主义提倡以学生为中心的学习,强调学习者的认知主体作用。这一理论要求项目化学习在幼儿科技教育中的实践要做到:一是支持科技教育活动的主体——幼儿,让其成为科学经验的主动建构者;二是引导幼儿借助项目化学习,通过在实际生活和真实情境中新旧知识经验反复地、双向地主动建构科学经验;三是变革幼儿科技教育活动中的学习方式,变"灌输式""接受式"的学习为"体验式""发现式"与"探究式"的学习。

（四）相关的政策法规:为项目化学习在幼儿科技教育中的实践提供政策导引

1.《2001—2005年中国青少年科学技术普及活动指导纲要》及启示

《2001—2005年中国青少年科学技术普及活动指导纲要》的具体目标是:分阶段使青少年逐步了解科学最基本的概念和过程,认识由其构建的科学知识体系的基本轮廓。同时对影响人类生活和社会发展的科学技术有初步的了解。这启示我们:3至6岁年龄段的幼儿已具备学习科学技术的生理和心理特点。因此可根据幼儿的年龄特点,从小培养幼儿对科技的兴趣,为其后续的可持续发展奠定良好的基础。

2.《基础教育课程改革纲要（试行）》及启示

《基础教育课程改革纲要（试行）》提出了明确的课程改革目标及新的改革理念:强调主动学习;加强课程内容与学生生活以及现代社会和科技发展的联系;关注学生学习兴趣;倡导学生主动参与、乐于探究、勤于动手……这告诫我们:在推进项目化学习的实践过程中,需要关注幼儿的学习兴趣,开发幼儿的科学潜能;在科技教育活动中,从满足幼儿的兴趣出发,引导幼儿探索、创新,使其各种能力得到培养。

3.《幼儿园教育指导纲要》及启示

《幼儿园教育指导纲要》提出了幼儿科学领域的关键经验是通过对教师提出"做什么、

怎样做和追求什么"的要求，将教育内容与教育环境、教师的任务、幼儿的活动、儿童的发展融合在一起。这要求项目化学习的内容应该"情景化""过程化""活动化""经验化"，从重静态的知识到重动态的活动，从重表征性知识到重行动性知识，从重"掌握"知识到重"建构"知识的变化。即在授之以鱼的同时要授之以渔，让幼儿自主学习，掌握科学的学习方法，从而通过自身的探究建构新的科学经验。

4.《3~6岁儿童学习与发展指南》及启示

《3~6岁儿童学习与发展指南》明确要求：支持幼儿在接触自然和生活中的事物和现象中积累有益的直接经验和感性认识；支持和鼓励幼儿在探究的过程中积极动手动脑寻找答案或解决问题，并为自己的想法收集证据；体验合作探究和发现的乐趣。这指引我们：在幼儿科技教育中实施项目化学习，强调的是幼儿学习的场景应在真实的自然和生活环境中；幼儿探究活动的学习方式更多的是观察、发现等直接的体验；同伴合作探究与分享交流对幼儿发展至关重要。

第二节　项目化学习在幼儿科技教育中运用的价值与研究成果

一、项目化学习在幼儿科技教育中运用的重要价值

（一）解决现实中的困境，彰显幼儿科技教育特质

以往幼儿科技教育存在的主要问题是活动的形式与内容缺乏生成性，活动的情境缺乏真实性，活动中的教育评价缺乏多元性，以追求幼儿对科学知识的掌握为主要目的，或单纯为理解科技知识和关系进行练习性和验证性的操作，而未给幼儿预留足够的时间与空间探索科学。而基于项目化学习的幼儿科技教育，用"基于问题情境"的学习范式，让幼儿科技探究活动在幼儿园及其以外的真实情境中发生，以幼儿的主动探究为前提，以幼儿科学素养的培育为核心，使幼儿在科学活动中主动建构科学经验，从独立的学习小组到建立多元学习者团体，促使幼儿在操作中实现他们的共同发展。基于项目化学习的幼儿科技教育强调挖掘幼儿科技教育的深层价值，使幼儿从教师控制和被动学中解放出来，真正成为主动的探索者和学习者，从而使幼儿对科技产生兴趣，形成科学的态度，获得"科学方法"和"科学精神"，让具有项目化学习特征的科技教育活动充分发挥主动性、自发性、愉悦性和持久性等特点。

项目化学习在幼儿科技教育中的实践，其本质是幼儿持续的探究活动。幼儿在探究过程中有三大支持：一是真实的问题情境，这是探究活动的出发点；二是适宜活动的资源以及探究工具；三是倾听、合作、探究、专注、反省等指向幼儿科技素养的规则。这些支持能有效弥补幼儿科技教育的短板，充分凸显幼儿科技教育的本质。为此，我们将项目化学习作为幼儿科技教育内容设计、组织的一种有效方式，进一步凸显幼儿科技教育从封闭走向开放，从预设走向生成，从而有效彰显幼儿科技教育特质。

(二) 基于儿童视角,促进幼儿学习方式的变革

在项目化学习的实践过程中,教师要站在幼儿的视角,体验幼儿的内心世界,满足幼儿的科学探究兴趣与成长需求,从而有效变革幼儿的学习方式,以达到促进幼儿发展之目的。幼儿关心的并不是那些客观事实和科学定律,而是他们可以根据自己的兴趣和能力进行自主探究,即通过自己的观察、探索、发现,逐渐积累更多的经验和感受,在碰到问题或困难时会自觉根据提供的支持性材料和环境进行探究,或寻求教师和同伴的帮助。同时,每位幼儿在确定某一任务内容后进行持续深入的观察、研究。在以"基于任务意识"活动方式的驱动下,不同能力水平的幼儿都会带着各自的计划和目的完成预期目标。

项目化学习是一种基于真实问题的探究式学习,其根本特色是探索,核心就是要推动幼儿的主动学习,促使幼儿的学习转向有意义的探究式活动。同时,项目化学习要求幼儿通过完成与真实生活密切相关的项目获取科学经验,强调幼儿在活动过程中的自主探究、自我决策以及与同伴的合作交流。它以幼儿为中心,让幼儿在真实的活动情境中深入思考现实世界与自身解决问题的关系,对发生在身边的和周围世界里的事情进行充分的感知,获取相关的知识经验、方法和能力,并通过自身坚持不懈的努力和实践,体验活动的乐趣及成功带来的自信。

(三) 践行课程理念,拓宽项目化学习领域

"自然触碰,为了一百种惊奇和探索"是我园的课程理念,其注重真实探究,激发幼儿亲近自然,产生学习兴趣;互动体验,引导幼儿关注生活,开展学习活动;适切支持,重视幼儿直接经验和自然实践等;强调真实、自然,提倡天性、本能的释放。项目化学习倡导幼儿在园内外各种真实自然生态环境和生活场景中进行各种科学探究与学习。其在幼儿科技教育中的实践,可拓宽项目化学习领域,让生态环境成为幼儿科技教育中最自然、最生动和最好的场所。

幼儿科技教育所践行的课程理念与项目化学习的特质有着天然联系,因此,将项目化学习延伸至幼儿园,拓展到幼儿科技教育中:一方面从理论高度肯定了项目化学习活动在幼儿科技教育中的价值,给幼儿园教师提供理论支撑;另一方面为项目化学习在幼儿园有效开展提供实践的土壤,凸显幼儿本位的学习理念。

二、项目化学习在幼儿科技教育中运用的结果探析

(一) 调查了科技教育中幼儿学习方式的现状

我们围绕科技教育中幼儿学习方式的现状,创设了相应情境,针对幼儿年龄特点,以行为观察法为主、马赛克法为辅,对幼儿在科技教育中的学习方式进行观察,并随机抽选本园小班幼儿、中班幼儿和大班幼儿进行现状调查。

1. 调查结果与分析

在科技教育中幼儿六种学习方式由高到低依次为:参与式学习、接受式学习、体验式学习、灌输式学习、发现式学习与探究式学习。这说明在科技教育中幼儿选择的学习方式以接

受式与参与式为主。

在科技教育中各年龄段幼儿的学习方式呈现以下特点。小班幼儿选择的学习方式的平均数由高到低分别是：参与式学习、接受式学习、体验式学习、灌输式学习、发现式学习与探究式学习；中班幼儿选择的学习方式的平均数由高到低依次是：参与式学习、接受式学习、体验式学习、灌输式学习、发现式学习与探究式学习；大班幼儿选择的学习方式的平均数依次是：参与式学习、接受式学习、体验式学习、发现式学习、探究式学习与灌输式学习。由此可见，参与式学习与接受式学习是幼儿在科技教育活动中最主要的学习方式。

不同年龄段的幼儿选择的学习方式有明显的差别，如小班的探究式学习、发现式学习方式明显偏少，而大班则逐渐增多。年龄越大的幼儿更多地会用探究式和发现式学习方式，反之就越少。体验式学习方式对小班、中班、大班每个年龄段的幼儿都有吸引力，更能提高幼儿对活动的兴趣。

在科技教育中女孩与男孩的学习方式有一定的差异。从不同性别的幼儿学习方式来看，女孩在接受式学习方式上显著高于男孩，在参与式学习方式上也显著高于男孩，而在其余的灌输式学习、体验式学习、发现式学习、探究式学习方式上与男孩无显著差异。

2. 调查结论

（1）科技教育中幼儿的学习方式以参与式、接受式为主。

（2）科技教育中幼儿的体验式学习方式，对不同年龄段幼儿均有吸引力。

（3）科技教育中不同性别幼儿的学习方式，除在接受式学习方式上女孩显著高于男孩，其余无显著差异。

（二）形成了小、中、大班幼儿项目化学习活动系列方案

1. 小、中、大班幼儿项目化学习活动设计思路

（1）基于幼儿年龄特点

我们在分析解读幼儿年龄特点基础上，设计了项目化学习活动方案。该方案的设计体现阶梯式螺旋上升的特点。

（2）联结领域核心经验

项目化学习活动方案设计遵循联结性的原则，体现多维联结与互动。以"漕幼孩子的36件童年小事"全经验课程为蓝本设计项目化学习活动方案，在凸显科学领域的任务时整合其他领域（语言、艺术、社会、运动），领域之间不是割裂的而是有机融合、有效联结，既有"领域内联结"，又有"领域间联结"；既有"跨领域联结"，又有"领域与活动联结"以及"园内与园外联结"等。

（3）关注幼儿生活经验

幼儿生活是项目化学习与科技教育的共同原点、共有场域。我们以幼儿园"自然触碰，为了一百种新奇与探索"的课程理念为引领，设计项目化学习活动方案。将幼儿生活作为项目化学习活动的起点和旨归，用项目化学习来整合幼儿的园内外生活，使幼儿的生活成为连

续体。在持续开放的环境中,用探究式或发现式学习的方式逐渐将幼儿的自发性科学探究意识转换为自觉性科学探究素养。

（4）利用现有社区资源

社区资源是项目化学习活动的重要载体。我们以金山本土的社区资源为支架,设计和组织项目化学习活动,带领幼儿走出幼儿园,使之通过触摸历史,对金山特有的自然人文景观感兴趣并乐于探究。

2.小、中、大班幼儿项目化学习活动内容设计

36件关键事件基于共同性课程中各年龄段的主题内容和多年来对幼儿最感兴趣话题的研磨,涵盖了幼儿进幼儿园后三年中可能发生的万事万物,是科技教育活动的载体。其以项目学习的形式推进,如走一条小路、吹一次海风、玩一个游戏,金山海洋公园、飞驰的城际列车、昆虫日记……36件关键事件已作为项目化科技活动实施指南供教师选择。三年中,在36件关键事件的基础上,各班教师根据幼儿的兴趣生成了31个适合本园、本班的项目。

表4-1　小班幼儿项目化学习活动内容

小班孩子的12件童年小事		生成的项目	
编号	项目名称	编号	项目名称
1	捡一袋树叶	1	小乌龟的故事
2	吹一次海风	2	田间小动物
3	做一个垃圾桶	3	鸡的一家
4	会唱歌的瓶瓶罐罐	4	苹果与橘子
5	遇见野花野草	5	种子在发芽
6	阳台上的小菜园	6	田野百宝箱
7	我的树朋友	7	红色、黄色和绿色
8	呀！土豆	8	叮当响的宝贝
9	从头动到脚	9	小路上的宝贝
10	小兔乖乖	10	寻找路边草
11	忙碌的蚂蚁			
12	车轮滚滚			

表4-2　中班幼儿项目化学习活动内容

中班孩子的12件童年小事		生成的项目	
编号	项目名称	编号	项目名称
1	走一条小路	1	农具
2	养一种昆虫	2	菜园里的青虫

（续表）

中班孩子的12件童年小事		生成的项目	
3	养一种蘑菇	3	原来你是这样的油菜
4	做一个劳动工具	4	植物艺术
5	玩一个游戏	5	稻草人
6	智能废物箱	6	和老桃树有个约会
7	植物泡泡器	7	我在长大
8	花样浇水器	8	越飞越远的蒲公英
9	金山城际列车	9	路边搬回来的野花
10	爷爷奶奶小时候的玩具	10	遇见野菜
11	自然角里住进了蚕宝宝		
12	我们的瓜果节		

表4-3 大班幼儿项目化学习活动内容

大班孩子的12件童年小事		生成的项目	
编号	项目名称	编号	项目名称
1	种一次粮食	1	做一个小暖棚
2	收一袋种子	2	田野之歌
3	做一个板凳	3	幼儿园里那些树
4	恐龙世界	4	种子的传播
5	农忙时节	5	渔村房子
6	泥土芬芳	6	趣玩水库里
7	窗边的春夏秋冬	7	蚯蚓日记
8	我的标本集	8	千奇百怪的仿生学
9	污水过滤器	9	新能源汽车
10	漕泾有个化工区	10	太空生活
11	金山海洋公园	11	那些叫得出名字和叫不出名字的草
12	上海最后一个渔村		

3. 小、中、大班幼儿项目化学习活动方案设计

结合周边资源以及幼儿感兴趣的问题,各班根据幼儿发展需求选择若干个项目作为该年龄段项目化学习内容,形成小、中、大班幼儿项目化学习的系列活动方案。以大班幼儿项目"漕泾有个化工区"为例。

一、项目简介

"漕泾有个化工区"项目来源于大班"我们的城市"主题。化工区就在幼儿家附近。幼儿对化工区也有所了解。本次项目化学习活动可以让幼儿进一步探索化工区,满足幼儿的好奇心。

本项目活动时间建议为四周。活动涉及科学、艺术和社会领域。主要活动目标为:1.感知化工区,初步了解化工与人们生活的密切关系,有热爱化工的情感。2.初步了解化工区中几个知名的化工厂及其生产的产品。3.知道任何事情都有好坏两方面,知道保护环境的重要性。

本项目的主要经验点为:1.化工区生产的塑料颗粒、丙烯等是我们生活必需品的一些原材料。2.化工区以管道连接传输物料、油、水、蒸汽等。3.漕泾化工区保护环境的主要方法有化工区自身先进装置、沪杭路两边的防护林等。

二、项目方案

表4-4 "漕泾有个化工区"项目化学习活动方案

班级:　大班　　设计者:　张凯伦

基本流程	驱动性问题	活动目标	所需资源	支持策略	探究经验点	个性化表达结果
漕泾有个化工区	为什么有这么大的化工区	1.初步了解化工区里一些知名化工企业及其生产的产品 2.初步感知化工产品与我们生活的密切关系,有热爱化工的情感	1.化工区知名企业的图片及影像资料 2.幼儿熟悉的化工区产品 3.化工区的地图	1.幼儿实地参观化工区 2.亲子收集化工区的资料及产品 3.结合社区资源开展寻找化工产品的活动 4.布置化工产品展览区	化工区生产的塑料颗粒、丙烯等是我们生活必需品的原材料	1.幼儿建构的化工区智慧园区 2.化工产品展览区
化工区里的管道	1.这么多的管道有什么用 2.管道是怎么连接的	1.了解化工区里各种各样的管道都有自己的用处 2.探索管道如何进行连接,尝试进行各种管道的连接 3.感知管道给工厂的生产带来的便利	1.各种管道的资料,如图片、书籍等 2.实地参观化工区的管道 3.建构化工区管道的各种管子和辅助材料	1.观看管道的连接影像资料 2.实地参观化工区的管道 3.提供宽敞的场地便于幼儿进行管道搭建活动	化工区以管道连接传输物料、油、水、蒸汽等	1.幼儿设计的化工区管道图 2.管道连接作品 3.幼儿设计和搭建自然角里灌溉植物的管道 4.与管道有关的科学小游戏

（续表）

基本流程	驱动性问题	活动目标	所需资源	支持策略	探究经验点	个性化表达结果
绿色化工区	1. 漕泾有个化工区好不好 2. 绿色化工区有什么标准	1. 初步感知化工与人们生活的关系 2. 感知保护环境的重要性,有初步的环保意识	1. 化工区和人们的关系调查表 2. 化工区里处理废水与废品的资料	1. 分组辩论化工区和人们的关系 2. 收集关于环保的相关资料 3. 亲子调查表"化工区里是怎么处理产生的废水与废品的资料" 4. 设置绿色环保主题墙	1. 化工区和人们关系密切,有好的地方也有不好的地方,不好的地方需要改进 2. 自身先进装置的改善、种防护林等都是保护环境的办法	1. "化工区好不好"辩论会视频 2. 幼儿制作的"污水处理厂" 3. "保护我们的化工区"环保主题墙

三、项目实施

（一）活动方案

1. 集体学习活动方案

方案一:漕泾有个化工区(略)

方案二:未来的化工区(略)

2. 个别化学习活动方案

方案一:纱布自动过滤器(略)

方案二:化工区的管道(略)

3. 科学游戏活动方案

方案一:气球浇花器(略)

方案二:找"怪兽"(略)

（二）活动案例:"薯片"的前前后后(略)

四、项目成果

（一）"漕泾有个化工区"驱动性问题集

（二）"未来的化工区"设计集

（三）"漕泾有个化工区"幼儿自建模型馆

五、项目反思

在本次项目化学习活动中,活动环境轻松。幼儿在这样的环境中更加独立,有想法,能自主尝试,其主体性得到了很大发挥,幼儿之间也不断交流沟通,形成不一样的观点,其创新性思维得以发展。

活动中还存在一些问题,如由于化工区的特殊性,幼儿无法实地参观化工区,只能远眺,因此虽然幼儿对化工区的外貌、管道等有感性的认知，但对各厂区内部的信息只能通过收集到的资料（视频、图片等）以及在化工区的工作人员描述获得。没有实地认知，使得在项目进一步深化中幼儿没有更多经验。这个缺憾弥补的方式是日后在条件允许的情况下，让幼儿进入厂区，从而对化工区有更直接了解。

（三）探索了项目化学习在幼儿科技教育中的具体实施

1. 确立了项目化学习在幼儿科技教育中实施的原则

（1）真实性与探究性并重。真实性是指在真实的情境中，由幼儿或教师提出真实的问题，让幼儿在动手动脑中与真实的环境发生真实的互动，并通过一系列活动产生对幼儿来说是真实产品的成果。探究性是幼儿科技教育活动的核心。以项目学习进行探究活动的科技教育，是培养幼儿持续探究解决驱动性问题的历程。在活动中幼儿的探究过程不是孤立的，而是他们围绕驱动性问题逐步持续深入探究的过程。

在"农具"项目中，幼儿的活动场所有农家小院、田边地头还有幼儿园的种植园地等真实的环境。在这样的环境中，幼儿的问题随之产生：爷爷奶奶用过哪些农具？我们的小菜园需要什么样的农具？有了这些驱动性问题，幼儿随之去寻找田间的农具，和爷爷奶奶或是有经验的保育员互动等，逐步生成个性化的成果：发布农具展览会视频，自行设计小农具并完成能使用的小农具。在项目的推进过程中，幼儿围绕驱动性的问题探究逐步深入，如感知了不同的农具有不同的劳作方式，不同的农具用于不同农作物的种植收割，传统农具与现代农具的优缺点。在制作小农具的过程中，通过设计、讨论、制作、试验、验证、评价等方式，幼儿对农具的用途有了更直接的认知与理解。

（2）体验性与发展性兼顾。体验性是指有别于传统的、类似填鸭式的灌输，强调的是幼儿的感受。幼儿在真实的环境中通过亲身经历、发现、感受、品味、分享，与周围世界建立关联。幼儿通过切身的体验实践，不仅可以获取科学知识与经验，还能不断习得自主的学习方法与能力。发展性是指幼儿探究的活动内容和方法既要适合幼儿已有的发展水平，又要有一定的难度，从而激励他们通过不断地探索把学到的经验应用到下一个活动，再向新的体验发展。

在大班的"污水过滤器"项目中，幼儿实地参观污水处理厂之后，想要亲身体验污水变清水的过程。在"细沙和活性炭到底应该谁放在上面才能使过滤的水更加干净"的问题中，有幼儿的假设是：可能是把细沙放在活性炭上面再过滤更干净。该幼儿不断实验、对比，反复探究，获得的实验结果是：自己的猜测是对的。随着"污水过滤器"的不断升级，幼儿的兴趣不断增强。通过查阅资料和反复实验，幼儿探究让更多的材料用于过滤器装置，如粗砂、活性炭、细砂、棉花。又经过猜测、实验、再猜测、再实验，不断循环往复，幼儿最终得出这样的实验结果：按照粗砂、细沙、活性炭、棉花的顺序过滤的水最干净。

（3）优先性与联结性兼容。优先性是指在幼儿科技教育活动中，有很多的活动内容可选择，但教师不能大包大揽，要在充分挖掘科技教育的资源前提下，遵循幼儿学习特点，结合幼儿科技教育要求，依据幼儿年龄特点、最近发展区、能力水平等因素，突出重点，精选对幼儿终身发展具有重要意义的项目化活动内容，使之优先与幼儿的活动发生互动。联结性一是指在项目整体实施过程中，需要通过多种方式的推进，使整个项目有前因后果和一个较为完整的过程。二是指有效地联结小班、中班、大班各年龄段幼儿的领域水平和已有的认知经验，让客观的科学知识与真实的世界相连，促进幼儿体验与思维的全面联结。对幼儿进行自然教育的内容很多，而自然角是大自然的缩影，是幼儿认识自然的最佳途径。为此，我们开展"窗边的春夏秋冬"项目，为幼儿提供天天接触、长期观察、亲自管理自然角的机会。教师又适时引导不同年龄段幼儿对自然角变化的关注：小班幼儿通过"芹菜变色"的毛细现象实验，进行无土栽培、温室里的蔬菜等探究活动；中班幼儿通过不同栽培方式观察植物长大的过程，用生活中的各种材料进行测量比较，在探究中发现其中的奥秘；大班幼儿探究浇灌方式，幼儿在浇灌植物过程中观察水的流动，并发现"虹吸现象"。

2. 制订了项目化学习在幼儿科技教育中实施的流程

（1）设计驱动性问题

美国学者康德利夫在研究项目化学习过程中，发现驱动性问题是项目化学习的核心要素。高质量的项目化学习活动的首要条件之一，就是需要有驱动性问题的引入。在设计项目化学习活动的驱动性问题时需要考虑以下几点。

① 兴趣性：幼儿只有感兴趣，才能积极、主动地投入科学探究与学习中。因此问题能否引发幼儿的学习兴趣是前提。

② 真实性：在幼儿科技教育活动中，真实的问题情境能让幼儿发现规律，寻找答案，积累经验，以提升幼儿的科学素养。

③ 探究性：驱动性问题贯穿项目化学习活动的始终，因此，问题必须具有可探究的空间，需要幼儿通过多方收集信息、多次尝试、深度探究才能解决。解决驱动性问题的过程就是幼儿科学学习与发展的过程。

④ 开放性：问题解决的结果呈现各种可能，需要幼儿去发现信息、梳理经验，同时需要幼儿发挥想象力与创造力。

基于以上各个要素，我们认为，在选择驱动性问题时，教师需要在幼儿科技教育活动过程中聆听幼儿的声音，捕捉幼儿的兴趣，了解幼儿的需求，更重要的是对幼儿感兴趣的众多问题作出价值判断，选取其中有价值的、可探究的问题作为驱动性问题。

（2）分阶段实施项目探究

在这一过程中，无论是幼儿还是教师都有着不同的担当。其中，幼儿会经历发现、探究、表征等过程，教师则观察并给幼儿学习上的支持。具体操作流程如下。

① 组建项目小组。幼儿按意愿结伴组建项目小组，也可由项目主要成员招募组员。对参与项目活动的人数没有硬性规定，项目组可根据活动进程按需招募新的成员，参与项目活动的幼儿也可以随时离开。但这并不代表幼儿可以半途而废。教师会关注幼儿在活动过程

中表现出的坚持、不怕困难等学习品质,鼓励幼儿想办法解决困难,达成目标。

② 师幼制订项目计划。教师与幼儿共同制订项目计划,通过谈话、讨论、调查等方式了解幼儿的想法与需求,并根据幼儿的发展需求和已有经验,确立教学目标与重难点,把握实施环节。幼儿在活动过程中还会不断生成新的问题,产生新的解决方案。因此,项目计划并不是一成不变的,而是随着活动的进展,在教师和幼儿的讨论中不断调整与完善。

③ 学习实践。幼儿根据所要解决的问题,会通过各种途径获得信息和资源,并在学习中尝试确立呈现问题解决过程和成果的方式。在学习过程中,幼儿保持着浓厚的兴趣和积极的思维,能主动提出问题,并尝试通过推理判断、建立联系、迁移运用、提升扩展等方式解决问题,产生深度的科学探究与学习。教师引导幼儿梳理自己获得的科学经验,并在幼儿学习过程中给予资源上的支持。

④ 制作表征。幼儿基于对各种相关信息和资源的了解与积累,运用在学习中获得的科学知识和技能,制作和表征自己科学探究的结果。幼儿在制作和表征的过程中深入探究,不断发现问题、解决问题。与此同时,教师可通过观察了解及分析解读,及时给予幼儿环境、资源、信息、材料等方面的支持。

（3）项目分享

分享展示是项目化学习活动不可或缺的一部分,其不仅是幼儿表达与交流的平台,更是幼儿对自主探究与学习的总结。因此,展示的过程也是学习的过程,有分享、有争论、有创新。所以,教师要为幼儿搭建展示的平台,给予幼儿时间与空间上的支持,让幼儿成为主角,鼓励他们展示自己的项目学习成果,分享自己的经验,并与同伴产生积极的互动。

（4）发展评价

发展评价对整个项目活动有着反馈与指导作用,是教师思考下一步项目指导的依据,以促进幼儿更自主地投入项目学习为主要目的。项目活动的评价力求关注过程性。在整个项目活动过程中,教师基于观察及评价工具的运用,对幼儿核心经验的获得、学习品质的养成、各种能力的发展等作出表现性评价,并基于评价结果及时给予支持。

除了过程性评价,也不可忽视结果性评价,即通过对项目化学习活动成果的分析,评价幼儿是否回答了驱动性问题,是否对基本科学概念有了较为深刻的理解,是否产生了新的科学经验,是否获得了一些相关的科学知识。结果性评价有助于教师分析幼儿的项目化学习活动成果,掌握幼儿的发展水平与学习轨迹,进而反思自己的教育行为。

3. 探索了项目化学习在幼儿科技教育中实施的路径

（1）幼儿科技操作室

① 幼儿科技操作室满足幼儿项目化学习需要。科技操作室是项目化学习在科技教育中实施的主要路径。这源于幼儿偏爱科技操作室这一开放性的、低结构性的自然状态的环境。在科技操作室里他们可自主活动,不受控制。教师意图通过操作室环境的创设、材料的投放、活动内容与形式的建议、伙伴间的影响,将科技教育活动目的不知不觉地渗透进去。

② 幼儿科技操作室提供项目探究场所。在融入项目化学习的科技教育活动中,教师把科技创新操作室作为科技活动的一个平台,为幼儿今后在实际生活中更好地运用科技打下基础。这里的技术是幼儿能理解、能操作的技术,它既可以是认识对象所含有的技术因素,也包括幼儿使用科技产品时的应用技术,如认识和使用科技产品、常用工具的技术,制作简易科技玩具的技术。这些科技知识的获得并不是建立在概念基础上的,而是立足于幼儿自身的科学探索,立足于动手操作,从而使幼儿体会到科学知识的运用及技术的实际作用。

（2）屋顶菜园

屋顶菜园是项目化学习在科技教育中实施的重要路径。作为科技教育活动实践场所延伸地的园内环境,它是项目化学习在幼儿科技教育活动中实践的一抹亮色。

屋顶菜园是幼儿进行科学探究项目学习活动的场所,其特点是让幼儿通过对蔬菜等种植物的观察、实验、比较,喜欢大自然和新事物,能在动手动脑寻找问题答案的同时,用一定的方法验证自己的猜测,以培养幼儿对科学的兴趣和探索精神。屋顶菜园为幼儿提供了不同于种植园地和自然角的环境,为幼儿自主地进行项目探究活动提供了最大的可能。

① 屋顶菜园的设计满足项目化学习要素。屋顶菜园在设计意图上强调了六个"突出"。即突出幼儿科学素养的培养,如利用栽培方式引发幼儿探究。幼儿观察诸多不同栽培方式下植物的生长情况,并将它们的长势及时记录下来。在这个实验的过程中,幼儿在观察、比较、记录、探究中发现同一种自然物在不同的生长条件下它们的生长有快慢。屋顶菜园是一个幼儿可以无拘无束进行活动的场所。幼儿可以在这个菜园里没有任何障碍地行动。幼儿在没有教师命令的情况下根据自己的意图行动,比如今天想去哪个区域观察什么蔬菜,想采摘什么蔬菜进行品尝。突出源于生活、接近生活、尽可能真实地反映生活的特点。屋顶菜园里的蔬菜不是农田里常见的种类,但也不是远离幼儿生活的。幼儿能在饭店或者大型的超市里看到这些蔬菜。可以说幼儿对这些蔬菜既陌生又熟悉。屋顶菜园里种植这些蔬菜能最大限度地满足幼儿的好奇心。突出师幼共同学习、共同提高,幼儿在屋顶菜园中所感受到的是坐在教室里听老师讲授时完全不一样的感觉。在观察幼儿过程中,教师的教育方式也不断地在发生着变化。当幼儿自己去"发现"一些现象时,教师有较多的机会观察每个幼儿的活动并及时给予个性化引导。因此,屋顶菜园里的活动让幼儿在获得科学知识的同时,更有利于培养幼儿坚持不懈地探究一些现象的品质和不断发现问题、解决问题的能力。无论是全自动喷淋系统的灌溉,还是鱼菜共生区域的环保理念,它们均突出了现代种植的理念,让幼儿更直观地感知现代种植。

屋顶菜园在设计框架上注意了"适应",即适应不同年龄段幼儿活动的需要,让不同年龄段的幼儿在活动中都有不同的收获。小班着重培养的是幼儿的科学情感和对自然的喜爱、对蔬菜的喜欢等情感;中大班需要培养的是他们的探究欲望,引导他们有目的、有计划、有任务地观察菜园里蔬菜的生长过程。同时,他们的质疑能力和坚持性等非智力因素也可以在活动中得到培养。

② 屋顶菜园的架构凸显项目化学习的丰富资源。屋顶菜园以各种资源为架构。在屋顶菜园内,需要用到很多的资源,包括结构布局资源、图文资源、材料资源、工具资源、生成性资源等,但以下两类资源尤为重要。一是人才资源,园内的教师以及后勤人员、幼儿家长、社区专业技术人员都是屋顶菜园活动中的资源,特别是农科院的专家。二是信息化资源,作为屋顶菜园亮点之一的信息化资源,包括信息导路设备、刷卡系统,都让幼儿尽可能多地体验现代信息技术,尽可能多地与每一个区域中设置的多媒体人机互动系统进行互动,使幼儿能在很短的时间内找到需要的信息,由此给幼儿带来更多的启示,为幼儿在菜园里的活动增添了科技感。

③ 屋顶菜园的区域设置满足幼儿项目探究过程。在项目的推进过程中,根据幼儿对观察、探究、实验、种植、养护的需要,从屋顶菜园设置的主要目的和幼儿活动的需求出发,整个菜园分为水培区、香料区、立体栽培区、鱼菜共生区、实验区、交流分享区、工具区等七大区域。

4. 提炼了项目化学习在幼儿科技教育中实施的模式

我们基于真实场景的项目化学习活动,践行"儿童权利"。幼儿以"自然触碰,一百种惊奇和探索"的视角去观察、探究和体验,调动幼儿参与活动的积极性,在大容量的活动中对一件事情、一个问题或者一个产品进行有意义的探究。

（1）"四、五、七"活动实践支架

在活动的实践过程中,通过不断地"行动—改进—再行动—再改进",以"幼儿主动发展"为前提,提炼了"四、五、七"活动实践支架,并以此为支架进行科技教育的实践活动。

① "四"即"四性",指的是体验性、教育性、趣味性和联结性。在活动的实施过程中,以项目化学习的形式,在完成与真实生活密切相关的项目中进行学习,这一模式强调的是幼儿在学习过程中的自我决策、同伴间的合作交流、弹性的(非实践限制的)实践活动。教师要充分利用项目,激励不同发展水平幼儿体验活动的乐趣。

② "五"即"五步"。科技教育中的项目化学习,鉴于师幼角色的变化引发的实施流程的变化,相关的流程如下:幼儿问题的产生(提出有意义的驱动性问题引发幼儿的探索)→预设网络图(教师和幼儿一起绘制网络图),对幼儿提出的问题进行初步的归纳→项目化学习第一阶段:半结构化的探究学习(通过集体活动、个别化学习活动的形式,在幼儿收集资料的基础上,通过谈话、实验等形式给予幼儿观察、表达的机会)→项目化学习第二阶段:小组合作探究(这一阶段是在第一阶段知识经验累积基础上的实地探索、验证,包括制订计划书,教师在此过程中对幼儿学习的支持:真实的问题情景的创设、适宜的学习和探究工具的提供、支持幼儿专注探究并充分体验的规则约定)→项目的结束阶段:个性化、多元化地表达结果(通过不同的结果呈现方式,幼儿把自己在探究过程中的做法、想法和发现向同伴作介绍)。

③ "七"即"七要素"。教师根据幼儿项目化学习的需求,梳理并实践各主题中的"七要素":对每个项目主题的活动目标、驱动性问题、所需资源、支持性工具等进行确定,对每个主题系列活动的成果个性表达、活动流程及每个活动的科学经验点等进行分析归纳。确定目

标和内容的"序"，以及"对号入座"的专题和与之配套的活动设计，使各主题的活动具有规范性、计划性、指向性、持久性。以大班"我的树朋友"为例(见表4-5)。

表4-5 项目化学习中"七要素"

	基本流程	驱动性问题	活动目标	所需资源	支持性工具	科学经验点	成果的个性化表达
树，你好吗		树有生命吗？	了解树的生长需要阳光、空气、水、适宜的土壤等	选取一处有各种各样树种的场所	小组计划：选择一棵树进行研究（研究方案的制订等）	植物都是有生命的，不同的树有不同的寿命	每一小组制作一册"我的树朋友的那些故事"记录本
幼儿园的那些树							
我家门前那棵树							
拜访漕泾最大的树							
树的那些秘密							
如果我是一棵树							
认领一棵树							

（2）"四个一"活动实施模式

在科技教育活动的设置过程中，我们必须关注共同性课程和特色活动安排的科学性和平衡度，把活动流程转化成具体的要求，促使教师有效推进班本化课程活动开发。同时，营造幼儿园、家庭、社区三位一体的项目化学习生态圈，在此过程中把零星、有效的经验与做法不断梳理固化，形成以制度运行为支持的可操作的活动实施机制。通过非正式途径，如个别化学习活动中的渗透、一日活动中的渗透等形式，形成"四个一"活动实施模式。

表4-6　项目化学习的幼儿科技教育活动实施支架

活动目标	通过问题驱动、直接体验、持续探究等方式,培养好奇探究、亲近自然、乐于表现且具有良好科学素养的幼儿		
活动类型	选用教材	主要内容	时间设置
每日一玩　户外科学小游戏	自编活动集《户外科学小游戏100例》	一日活动各环节渗透科学游戏;每天安排一次专门的户外科学小游戏	每天1次
每周一议　好奇宝宝一百问	每班的"问题墙"	项目进程中孩子的问题、经验的探讨和分享	每周1次
每月一游　田野探究	孩子的36件童年小事	依据三条线索——人与自然、人与社会、人与自我确立四大领域——亲近自然、走入社会、触摸历史以及学会生存	每月不少于1次
每年一节　"心灵手巧"科技节	科技节活动资源库、本年度活动方案	玩科学游戏、做科学实验、演科学小品、唱科学歌曲、念科学儿歌、画科学幻想画……	每年1次,每次为期一个月

　　① 每日一玩。每日一玩安排在幼儿一日活动的各环节,包括生活、游戏、运动和学习活动中,以游戏的形式渗透科学的情感与态度、知识与经验、方法与能力。此外,每天有固定的科学活动时间,安排在每天的午餐前,活动时间为20分钟;活动地点在户外活动场地;活动内容是户外科学游戏;活动对象为全园小、中、大班的幼儿。教师不断实践,把户外科学游戏的开发作为幼儿科学活动课程实践的一个重要途径。经过三年研究,已形成一百多个既能体现科学原理又为幼儿喜爱的户外科学小游戏。这些游戏的开发,让幼儿从"读科学"转向"玩科学"。在开发的过程中,教师关注户外科学游戏内容的选择。刚开始,教师发现幼儿喜欢的常见户外自然物游戏以树和树叶居多。因此,教师和幼儿一起开发了给树叶宝宝照个相、树叶吹泡泡、树叶翻翻乐、量量树有多粗、会响的小路、树叶的秘密等游戏。随着幼儿游戏活动的不断深入,更多的游戏不断出现,如田野寻宝、好玩的芦叶、奇趣石头、筛豆子、玩转沙水、植物杆子吹泡泡、会跳的豆子、拔萝卜、走田埂、狗尾巴草、运粮、草球进网、风车、风筝、竹蜻蜓、有趣的斜坡、亲亲泥土等。户外科学活动不仅丰富了游戏材料,还让幼儿成为户外游戏的开发者,使他们更想玩、会玩和乐玩。

　　② 每周一议。在实践过程中,幼儿会有各种各样的因为好奇好问而生成的问题,通过自己亲身的体验、探究,会有各种各样的经验需要和同伴分享。无论是需要讨论的问题还是需要分享的经验,都能更显性地激发幼儿的思维,使幼儿互相之间不断互动。因此,基于活动需要,各班有了每周一议的问题墙。每周一议即根据每一个项目的推进,在每周五的作息中安排一个有仪式感的时间和活动内容。幼儿围坐在一起,就自己感兴趣的问题、困惑或是

自己在项目推进中的经验和同伴一起探讨、交流。问题大都来源于幼儿，但根据需要也有教师和家长的问题。相关墙面记录的是一周里幼儿在不同时刻的困惑或经验。当然，如幼儿已自行解决记录的困惑，那这些问题也就随即下墙。相关墙面的呈现使幼儿的探索更主动、观察更细致、问题更深入、经验更丰富。在问题的驱动下和经验的分享中，幼儿不停地思考、辩论，让幼儿对答案越来越清晰，让幼儿对周围世界的好奇心也越来越强烈。

③ 每月一游。每月一次田野科学探秘活动是项目化学习在科技教育实践中的重要途径。每一次活动都有项目活动方案、活动过程和活动反思。一开始，教师对田野科学活动方案的设计往往形式单一枯燥，容易把科学活动设计成为传统的常识活动，更不知道如何捕捉幼儿的兴趣点进行跟进。通过不断实践、反思，在注重目的性、科学性的同时，教师注重活动的趣味性和随机性，使活动不再是形式化的外出远足活动。同时，还调动了家长的积极性，让幼儿外出郊游前和父母一起从网上下载花草图片，制作自然笔记；在旅途中玩"按图索骥"，用自己的方式记录旅途中的所见所闻；和同伴一起制作自然笔记，和家长、教师一起分享旅途的收获。在提升幼儿科学素养，培养幼儿对田野的感情和激情的同时，教师的科学素养也得到了有效的提升。

④ 每年一节。幼儿园科技节频次为每年一次，每次时长一个月。在每一个科技节开始前，幼儿、教师一起策划，共同制订本学期的科技节方案。他们围绕科技活动，共同精心准备、周密策划。在为期一个月的科技节活动中，通过项目化学习的方式，幼儿玩科学游戏、做科学实验、演科学小品、唱科学歌曲、念科学儿歌、画科学幻想画……通过这样的形式，幼儿的探究能力不断提高，科学情感和态度得到升华。同时，交往能力、倾听能力、表达能力、求知欲望等也得到了提高。教师、家长、幼儿是科技节的参与者。大家共同设计科学活动、撰写科学论文、表演科学故事、制作科学玩具、设计科学小报、开展科学知识竞赛。这既提升教师和家长科学的素养，又提高了指导幼儿的能力。

5. 总结了项目化学习在幼儿科技教育中实施的策略

（1）挑战性活动目标的预设与生成策略

面对班中全体幼儿，教师预设共同性的活动目标。其预设方法是在幼儿群体的最近发展区制订有挑战性的目标。在活动的推进中，幼儿生成的内容无时无刻不在出现。这就要求教师在原有目标的基础上，适时动态、灵活调整原有的活动目标，生成新的活动目标。在"忙碌的小蚂蚁"项目中，预设的目标是了解蚂蚁是建巢能手也是好斗的"战士"。而在观察蚂蚁的过程中，幼儿发现蚂蚁从很高的地方摔下来不会死。有了这样的经验后，幼儿开始寻找各种摔不死的昆虫，探究它们摔不死的秘密……

（2）活动内容针对性的选择与设计策略

在项目推进过程中，首先面向不同年龄班幼儿设计符合年龄特点的项目内容。之后，各班依据"孩子的 36 件童年小事"，基于班中幼儿的经验、兴趣、最近发展区等因素，选择符合班中幼儿发展的项目内容，并设计班本化的活动方案。在"走一条小路"活动中，根据幼儿的年龄特点,小、中、大班三个年龄段的项目分别是"小路上的宝贝""遇见野花野草""寻找路边草"。各班根据幼儿的兴趣点形成了不同的活动方案,如小(1)班的"叮当响的宝贝",小(2)班的"红色、黄色和绿色",中(3)班的"路边搬回来的野花",中(4)班的"越飞越远的蒲公英",大(5)班的"那些叫得出名字和叫不出名字的草"。

（3）活动组织形式的多元协同实施策略

幼儿科技教育活动从合理、有效的前提出发,从项目化学习特点出发,多采取以小组为基础、多种组织形式并存的学习策略,同时根据不同年龄会有所侧重。其中,在分组活动时有同质分层法、异质合作法和两者相结合的方法。在科技操作室的操作活动中,更多看到的是由性别、兴趣相同而自发形成的关注电、磁、光等科学现象的男生小组,以及不同性别、不同性格的幼儿为了更有效率地分工合作完成某一件作品而形成的合作小组。

（4）活动方法和手段的多样化运用策略

不同年龄、不同能力水平、不同学习风格的幼儿,可接受的活动方法理应体现差异。这就要求教师必须灵活运用教学方法。在幼儿科技教育活动中,要用全面兼顾与个别指导相结合的方法,即需要教师精心设计科学活动方案,每一个活动环节都要考虑到不同幼儿的发展需要。在"恐龙世界"中,根据男孩、女孩对恐龙不一样的喜好以及幼儿对恐龙知识经验的不同,项目最初设计的活动就是"恐龙回来了"。教师通过个别指导的方法仔细观察每个幼儿对"恐龙"的表述。在详细了解班中幼儿对恐龙的认知后设计了"恐龙合成大战""恐龙俱乐部"等活动方法和手段多样化的活动方案,以满足不同层次幼儿的探索需求。

（四）关注了项目化学习在科技教育实施中的评价

1. 评价指标与内容

（1）评价指标

在评价指标体系中,我们依据布卢姆教育目标的分类系统,将幼儿科学素养分为情感与态度、知识与经验、方法与能力、行为与习惯等要素。在评价过程中,小班的评价更注重情感与态度,中班评价的侧重点是方法与能力、行为与习惯,大班更注重知识与经验。按照幼儿科学素养发展的规律,我们制订了"漕泾幼儿园小中大幼儿科技素养水平的评价指标体系"。

（2）评价内容

在日常的教学活动评价中,我们以项目化学习中幼儿的科学素养发展为导向,采用指向性明确的评价内容评价幼儿科学素养的发展,以幼儿科学素养的要素(情感与态度、知识与经验、方法与能力等)为一级指标,以二级指标中幼儿的典型表现为具体的评价内容。以大班项目化学习"飞驰的列车"中幼儿的学习能力评价为例。

表4-7　项目化学习的幼儿科技能力评价(飞驰的列车)

一级指标	二级指标	典型表现
学习能力	信息意识	关注列车的特征和它的演变,分析已有信息,记录有关列车及其演变的信息
	观察能力	运用各种感官,有目的地观察列车,观察与列车相关的时刻表的变化、车站上人们的劳动等信息的能力
	制作能力	收集各种材料进行构想制作,运用绘本、计划书、测量工具等,独立或合作完成列车的设计与制作
	表达能力	用语言或各种表征手段(涂鸦、标记、识记、绘画等),简单、清楚地描述自己的发现,能和同伴一起将自己与列车相关的成果展示出来
	推理能力	推测事物发展的结果,并能说出其因果关系。如通过调查知道金山卫到上海南站列车需要30分钟,轿车需要60分钟,公交车需要90分钟,得出结论:列车的速度最大,公交车的速度最小
	质疑解惑	能从对列车的探索、观察、交流中发现相关问题,并提出问题,学习解决问题
	创造性思维能力	在对列车的探索活动中思维活跃,创造性地表达自己独特的见解

2. 评价方式

依据诊断性评价、发展性评价、过程性评价、总结性评价等方法,对照三套针对不同年龄段的评价指标体系进行评价。如在过程性评价中,通过诊断项目化科技活动方案(或计划)的活动过程中存在的问题,为正在进行的活动提供反馈信息,以提高正在进行的活动的质量评价而不涉及活动的全部过程。其注重的是强化幼儿活动中的成功之处,找出幼儿活动过程欠缺的地方。因此,一般情况下以观察记录、活动反思为主要途径。如在诊断性的评价中,在真实的课堂上和幼儿真实的学习过程中,观察幼儿如何在具有思维挑战性的情景任务中解决问题,对幼儿协作解决问题能力、学会学习能力等进行评价。

同时,关注立体全程的评价方式。我们放弃了多年来运用的外在监控方式,重新定位了课程监控中心的职责和作用,提供了开展科技教育活动评价的标准参照体系、方法、流程。每一个学习任务都建立相应的评价工具,包括学习量规、观察量表、作品分析表等。同时,调整了评价的视角,更关注幼儿在科技学习活动中的参与度、主动性以及突破原有框架的创造力,并把其作为衡量活动效果的关键。建立立体多元的评价体系,突破传统以纸笔测试为主的评价方式,注重现场活动中教师和保育人员对幼儿的即时观测,更注重幼儿在活动结束后的交流分享,即注重幼儿对自身以及同伴的评价。

3. 评价主体与客体

（1）评价主体

改管理人员、教师对活动或幼儿的评价为幼儿、教师、家长、保育员等一起参与信息的收集与分析，采用生态化的评价方式，以"自然嵌入"的形式评价幼儿（有阶段性的任务，但是是一个有始有终的不断循环的真实过程），即在真实的活动过程中观察幼儿、评价幼儿，对幼儿进行整体性和个性化的评价（即个案追踪评价）。让幼儿、教师、家长成为评价的主体。对幼儿的观察能力、探究能力、质疑能力、协作能力、问题解决能力、学会学习等能力进行评价。在真实的课堂上和幼儿真实的学习过程中观察幼儿如何在具有思维挑战性的情景任务中解决问题。全面了解每个幼儿的发展情况，建立幼儿成长档案和对幼儿发展水平进行定期诊断、分析及改进的机制。

（2）评价客体

除关注教师等群体对幼儿发展进行全面客观的评价之外，更关注评价客体（即幼儿）对自身和同伴的评价。教师在和幼儿讨论观察到的信息或事件时，要倾听幼儿的想法。一个项目结束之后，教师和幼儿一起讨论主题活动之后的收获以及自己的想法，让幼儿在教育之中享有某种思考以及行动的自由。在教师的引导和帮助之下，幼儿能正确评价同伴的能力，并从中获得各种经验。

（五）提供了项目化学习在幼儿科技教育实施中的保障

1. 研修保障

在项目实施时，以驱动教师发展的组织融合赋能下的园本研修是深化幼儿科技课程实施的载体。这是推进科技课程实施必不可少的保障，涉及教研内容的针对性选择、特别的活动方式等。

（1）来源于课题研究的教研内容

当教研的内容来源于教师的真实需求时，教师对教研活动的热情就能持续被激发。除了解决常规教研中的一些困惑之外，各教研组把教师的真实需求以专题的形式作为教研的主要内容，如来源于课题"项目化学习在幼儿科技教育中的实践研究"的教研组专题"项目化学习在幼儿园主题活动中的实践研究""项目化学习活动中幼儿行为的观察与识别"等。在参与市级课题的研究过程中，各教研组的专题教研就站在系统化的角度，聚焦市级课题的研究。在教师研修转型的同时，教研的内容得到了有效的落实。

（2）团队共生的教研活动的组织

① 基于问题导向

我们以"基于问题导向"开展活动，如项目化学习活动中"真问题"如何产生和捕捉，主题核心经验如何在项目化学习活动中体现等。将问题进行由浅入深的有序排列，从而制订学期与学期之间、前后教研活动之间有衔接、有递进的教研主题内容。将教研问题融合在各种教研活动中，并在过程中做到研究"真问题"、架构"真经验"、促进"真成长"。

② 注重内化跟进

我们在活动中注重"经验教研"向"实证教研"的转化,这不仅只是积累经验,更重在对案例和数据的分析、论证。教师用证据或数据来证明自己对项目化学习和幼儿教育活动的观点,通过案例的解读和数据的分析,完善自己的教育教学行为,不断体验、发现、感受、品味,在循环上升过程中,从体验到分析、分析到形成概念,将体验内容固定下来,再向新的体验发展,使教研活动呈现螺旋上升的状态,对教研活动的理解向更深层次发展。如在"基于问题导向的小班项目化学习的科技教育活动"专题研讨中,小班教师通过"小路上的野花野草""爱护一棵树""吹一吹海风""忙碌的蚂蚁"等项目和这些项目中幼儿一个个有趣的驱动性问题、一个个生动的视频和案例,对小班幼儿的年龄特点和认知特点有了不同以往的认识。

2. 制度保障

在项目化学习的幼儿科技教育活动实践过程中,制订科学有效的相关制度是活动实施的又一保障。这些制度包括科技活动审议和调整制度、活动评价反馈调整制度、教研活动制度、活动资料管理制度、科技活动质量评估分析制度、科技专用活动室管理制度(包括屋顶菜园管理制度和生活劳作室管理制度)。每一项管理制度的制订都本着可操作性和可检测的原则。下面为《屋顶菜园管理制度》(摘录)。

1.由专人负责管理日常的种植、养殖,并根据活动需要提供工具、材料、观察记录表等。2.管理员与带班教师需要了解屋顶菜园种植、养殖的品种、动植物生长情况及相关的种植、养殖的知识。3.管理员应在幼儿活动前,对材料、工具、环境进行仔细检查,发现问题及时解决。4.各班按时进入菜园活动,并做好活动记录。5.引导幼儿有序活动,认真探索发现屋顶菜园中动植物的科学奥秘。6.活动结束后及时整理工具和材料,将其物归原处(相关用具不随意带出活动室)。7.如在活动过程中发现工具、材料损坏时,应及时处理,在活动后做好记录并上报。

这些科技教育活动园本制度的制订,有效地保证了教师在实施幼儿科技教育项目化学习过程中的计划性、有序性、自觉性和可操作性,为项目的有序推进起到了很好的保障作用。

第三节　项目化学习在幼儿科技教育中运用的成效与未来展望

一、项目化学习在幼儿科技教育中运用的成效

(一) 实现幼儿学习方式的变革,发展幼儿的科学素养

1. 幼儿学习方式从"灌输式"到"体验式"的转变

相比灌输式的学习方式,以激发幼儿好奇心、引导幼儿在亲身实践中收获知识经验的体验式学习是帮助幼儿体验愉悦、实现自我的有效方法。体验式的学习方式更具过程性、亲历

性和不可传授性的特点,是充满挑战、自主发展的过程,更侧重于幼儿能力的提升。幼儿在自身的体验中,依靠真实具体的实践感知直接经验。幼儿通过自身感悟对事物有更深刻的理解。

项目化学习在科技教育活动中应用时,幼儿学习的目的可以不那么明确,但幼儿的学习必定是经历了体验—反思—分享—获得—再体验的过程。通过项目化学习的前期准备,幼儿在活动中运用之前已有的概念,将“抽象”上升到具体的“再现”,使之成为激发丰富思维的活动。幼儿通过“体验”与“认识”的交互作用,促成自己认知和行为的统一。一开始,这样的学习方式对部分幼儿来说是一个艰难的过程。但就在这样的过程中,通过循环往复的自主体验,幼儿的独立意识、自主解决问题能力、持续探究能力等都得到了快速的发展。

2. 幼儿学习方式从“接受式”到“发现式”的转变

在项目化学习的模式中,幼儿学习方式的转变还表现在从“接受式”到“发现式”的转变。在“发现式”的学习方式下,幼儿在环境资源的支持下进行有导向性的探究活动。在有意识、有目标的任务驱动下,幼儿活动的主观能动性得到增强,不断在活动中建构学习的动态过程,从独立的学习小组到建立多元学习者团体,幼儿在项目推进中实现他们的共同发展。从这种学习方式中,我们看到的是幼儿在项目活动中的状态,即在活动中全身心投入的程度,他们有思维、有主见、有创造、有自我意识,学得有劲,学得有效,独立性、独特性、独创性不断显现,其学习潜能得到充分释放。

3. 幼儿学习方式从“参与式”到“探究式”的转变

幼儿不是不喜欢学习,而是不喜欢缺少动手和体验过程的“蜻蜓点水”的参与式学习。项目化学习在幼儿科技教育中的实践,首先要利用幼儿与生俱来的好奇心,促使他们充分调动感官,在项目活动中通过看一看、摸一摸、闻一闻等过程,对事物进行比较观察和连续观察,并采用测量、猜测、验证等方法探究,从而较好地发展幼儿初步的探究能力。其次要运用科学的探究方法。通过探究带来问题,由问题引发猜测,有了猜测就需要不断去思考、辩论、调查、求证,并用图画、数字、图表、符号等方式加以表征……有了困难与同伴合作解决。在对项目持续探究的过程中,幼儿不断发展着运用科学探究分析的能力。幼儿主动发现问题并力求寻找答案,在发现问题—找到问题的答案这一过程中,幼儿的任务意识明确。之后,幼儿为找到问题的答案而开展猜测、计划、调查、收集信息、实验、操作、交流等一系列探索活动。项目化学习的开展促使幼儿的学习转向有意义的探究式学习。这样的学习方式更有利于不同能力水平幼儿的学习,它把幼儿之前那种按部就班的线性学习转向了具有个性特征的跨越式学习,使幼儿由局限于园内的学习转向了超越幼儿园围墙的学习。

(二) 锤炼教师开展项目化学习的能力,提升教师专业素养

1. 教师加深了对项目化学习模式的认同

教师需要不断转变自身的角色,挑战新的教学方式,针对每个幼儿的现实接受能力和潜在接受能力,以项目化学习的模式设计教育目标、内容,并采用合适的教学方法帮助幼儿从

"接受学习"变为"掌握学习",最后到"学会学习"。

在项目化学习的模式中,幼儿的生动活泼比在传统的课堂教学模式中表现得更为淋漓尽致。因此,教师自然会给幼儿更大的探索空间。在"儿童权利"价值理念的引领下,教师明确了"让幼儿会学比学会更有意义",逐步对儿童权利的理解具体化,并优化教育活动的途径,不断发现问题,并探索解决问题的方法,用基于证据的实践研究进行教学实践。在这一过程中,教师团队将此经验融入幼儿科技教育课程的建设中,形成改进科技课程的良性循环,从而不断唤醒教师的专业自觉。

2. 催生了教师教学范式的变革

项目化学习在幼儿科技教育中的实践,实现了教师教学范式的变革。教师用基于"任务情景"的教学方式,为完成特定的项目活动目标确定最有效的教学方法。这些特定目标包括形成概念性理解、培养进行科学探究的能力以及体验科学探究等,这些目标的达成必须要教师事先进行大量的准备,包括活动内容的确定、活动材料的准备、知识经验的梳理、不同年龄段幼儿活动目标的制订等。对教师来说,项目化学习的目的就是在教学方法、幼儿自主探究以及教师指导这三方面创造一种平衡。如果活动过于僵化、程式化,就会大大削弱幼儿在活动中主动探究的可能性,因此,教师在指导幼儿活动中,需要有任务意识的引导,也就是引入任务驱动的教学方法。同时采用基于"问题情景"的活动方式,多创设问题情境引发幼儿的认知冲突,使他们想学、要学、喜学、乐学,从而把教师替代式教学的枯燥过程,变成幼儿主动学习、互相分享的愉快过程。教师针对幼儿的心理需求和当今科学发展的新信息(幼儿关心的或者已经在讨论的)灵活变换预定的项目,使幼儿科技活动的内容在规定性的基础上有选择性和时代性,让幼儿感受到身边的科技发展,自主体验科技学习的价值,并增强对科技教育活动的兴趣和信心。这一模式从问题出发,以解决问题为线索展开学习活动。其呈现给幼儿的是问题情境,目的是激励幼儿完成学习任务。在幼儿科技教育中,教师创设具有指导信息的、真实的环境,并提供活动资源,并根据不同幼儿的兴趣、发展水平,引导幼儿根据自己的能力尝试探索解决问题的途径与方法,完成学习、探索、操作的任务。在基于问题导向模式的科技活动中,教师需要勤思考、多分析,努力优化科学活动中的提问方式,"问"出幼儿的思维,"问"出幼儿的激情,"问"出幼儿的创造。

3. 尊重差异,将之作为科技教育活动资源

尊重幼儿差异,将幼儿之间的差异作为项目化学习在科技教育活动中的资源加以利用。为此,教师基于幼儿个体间的性别、年龄、认知等差异,立足幼儿个性化的发展水平和活动需求,创设多元化的活动环境、弹性化的活动过程以及差异性的活动目标,贴近儿童的学习需求,聚焦不同幼儿的生长点,以激发每一位幼儿学习的内驱力,让幼儿获得全面发展。

(三)夯实幼儿园办园理念,拓展幼儿科技教育时空

1. 实现办园理念从抽象走向具象

在项目化学习模式下的幼儿科技教育课程实施过程中,我们确立了相关幼儿科技教育

哲学理念,明确了幼儿科技教育的愿景,用教育哲学理念指导幼儿科技课程实践,并将项目化学习模式下的科技教育课程理念具象化。用具象化的方式想象课程、观察课程、分析课程与建构课程;用具象化的愿景去说明幼儿园科技教育究竟是什么、为什么和怎么做。由此,在项目化学习模式下的幼儿科技教育活动中,我们进一步明确了"儿童权利"的价值理念和"自然触碰,为了孩子的一百种惊奇和探索"的课程理念(见图4-1)。

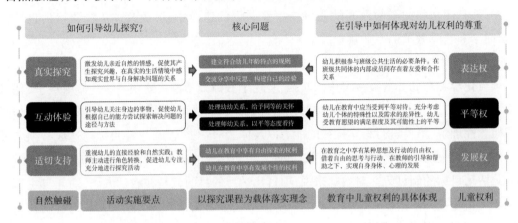

图 4-1

(1) 项目化学习凸显"儿童权利"价值理念

在项目化学习的实践过程中,我们不断凸显"儿童权利"的价值理念。在科技教育活动中,幼儿不仅仅是一个被关注、被指导的对象。教师在指导幼儿与让幼儿自主发展之间达成一种平衡,让幼儿在体验自主学习的过程中,有权形成他们自己的学习方式,使得"儿童权利"这一价值理念贯穿于项目化学习的科技教育活动的始终。在活动中,教师不再居于主导地位,给幼儿灌输一些他们不感兴趣的知识。幼儿也不用坐在自己的座位上,等着教师来传授知识,而是可以根据自己的兴趣和能力进行自主的探究活动,从而获得发展和进步。

(2) 项目化学习践行"自然触碰"课程理念

"自然触碰,为了孩子的一百种惊奇和探索"是我园的课程理念。其内涵要义是:孩子有一百种惊奇和探索。作为成人,需要创造一些支持孩子探索的机会。在教育活动中,教师以幼儿的生活经验为基本线索,不断开发具有自然教育意义的单元结构内容、自然生命成长的结构过程与自主向上的结构目标,支持幼儿主动学习,以"自然触碰"的理念实施科技课程。

项目化学习模式下的幼儿科技教育具有如下特质:真实探究,激发幼儿亲近自然,产生学习兴趣;互动体验,引导幼儿关注生活,开展学习活动;适切支持,重视幼儿的直接经验和自然实践。项目化学习模式下的幼儿科技教育课程,更多的是对幼儿在幼儿园内外的真实生态自然环境和生活场景的关注,以及对这些场景中的事物的关注。在自然界中,幼儿通过对周围事物的直接感知获取知识与经验、方法与能力。项目化学习模式下的幼儿科技教育,强调真实、自然,提倡天性、本能的释放,着重幼儿品格、品行的培养,注重生活自理习惯和非正式环境下抓取性学习习惯的培养。这促使我园"自然触碰，为了孩子的一百种惊奇和探索"课程理念得到进一步夯实。

2、拓展幼儿科技教育时空

（1）空间态度彰显课程理念

"自然触碰、为了孩子的一百种惊奇和探索"的课程理念需要建立一种立体的空间形式，让幼儿感受科技的魅力，养成科学的活动理念，在幼儿园营造课程、地域、环境的和谐统一。据此，校园空间形成了"五园、四桥、三地、两树、一廊"的整体规划，五园：小小动物园、蘑菇园、紫竹园、水果园、百菜园；四桥：铁索桥、木头桥、石头桥、玻璃桥；三地：泥巴地、青草地、沙地；两树：百年松树、梧桐树；一廊：问题长廊。这些空间与科技教育的任务融合，成为赋能幼儿探究的空间。

（2）空间言行适性幼儿学习方式

个性化学习方式不是每个幼儿学习不同的内容，而是每一幼儿用不同的方式学习同样的内容。学习方式的改变和多元，就要求空间建设与之相匹配，必须以幼儿为中心，突破正式学习与非正式学习的界限，让学习时时发生、处处发生。于是，我们重新调整环境的整体定位，根据幼儿不同学习方式的需求，进行人、空间、资源、教学的深度融合，为幼儿更多学习方式的展开提供支撑。

（3）空间环境依归幼儿精神

项目化学习的重要特征是走向情境化。空间情境的浸润，承载着科技教育功能，是把幼儿所看到的、感受到的、听到的、触摸到的、体验到的都变成美育化人、培植幼儿精神依归的过程。

（4）空间智能延展学习场能

数字空间是一个充满神奇的世界，更是幼儿学习场景的无限延伸。在活动中，教师需要积极探索网络教与学方式的变革。在项目化学习模式下的科技教育活动过程中，以现代信息技术优化幼儿活动的过程，不断梳理幼儿可用的信息环境。通过新型教学环境的营造改变传统教学结构，使幼儿从依赖教师传授知识转向学会利用资源进行学习。

（5）时间动态赋能持续探究

在项目化学习模式下的幼儿科技教育推进过程中，我们根据项目化学习的特点持续探究，即给予幼儿探究的时间由"少而短"趋向"多而长"。从最初的严格按照园部的作息时间表进行项目活动到探究时间班本化，授权教师根据幼儿对项目活动需求安排班本化的作息时间，到最终按照幼儿对科学探究活动的需求，由幼儿自主选择活动的时间。

二、项目化学习在幼儿科技教育中运用的未来展望

（一）进一步优化项目化学习在幼儿科技教育中的评价

从思考过程性评价的设计着手，我们需要进一步明确科学素养目标，确定科学的评价维

度,寻找多样化的评价方法,制订合理的评价量规,明确不同评价的作用以及相对应的评价标准。教师需要制订不同项目的具体评价标准,为幼儿探究互动的推进提供依据,并在幼儿活动前、活动中和活动后收集各种证据,同时提供反馈,帮助幼儿更好地学会自评。

（二）进一步加强项目化学习在幼儿科技教育中的实践

我们需要进一步挖掘适于幼儿深入持续探究的项目活动资源。以"真实探究、互动体验、适切支持"为载体,以"体验+游戏的策略、问题+项目的策略、方法+规则的策略、活动+立体的策略、互动+微媒的策略、要求+差异的策略"实施项目。游戏化的活动形式使幼儿的项目更有趣味性、科学性,使项目化的科技活动内容形成有设计、有组织的经验系统。

下篇

回归——走出教室,到田野中去学习

充分利用地域的自然和人文资源，让幼儿在更广阔的田野中身临其境地感受、思考、表达和凝结。幼儿通过自身的活动，不断地在自然中舒展自己的生命，体验自己的生存状态，享受生命的快乐。这既是一种创新，更是一种打开。教师、家长作为儿童的陪伴者和支持者，亦在这样的过程中走近童心、感悟童真，进一步端正了"三观"，从而实现了生命的共同成长，展现了科技教育的初心和真谛！

第五章 初尝试:从课堂走向田野

在过去,幼儿科技教育常常从工具或"物"的视野中去看待幼儿的生命,导致了科技教育中的工具理性主义,而作为特殊生命体的幼儿所具有的好奇、梦想、童话、游戏、诗的生命品性却未在其中得到彰显。我们希望将科技教育的外延扩展到田野中,让幼儿在自然的怀抱里,感受它的美妙与惊奇,体会人与自然的相互依存关系。在田野中进行的科学探究活动,能使幼儿知道科学对人类生活的重要意义,领悟生命的意义和价值,从而尊重、珍视生命。

第一节 幼儿田野科学活动开发与实践的研究背景

一、幼儿田野科学活动开发与实践的研究背景

（一）纲领性文件的指导意义

《幼儿园教育指导纲要(试行)》中强调:"环境是重要的教育资源,应通过环境的创设与利用,有效促进幼儿的发展。充分利用自然环境和社区教育资源,扩展幼儿生活和学习的空间。"其实施细则就科学领域的含义进一步作了阐述:"科学教育的价值取向不再是注重静态知识的传递,而是注重幼儿的情感态度和幼儿探究、解决问题的能力,与他人以及环境的积极交流与和谐相处。科学教育对发展幼儿的认知能力、提高他们的思维水平有特别重要的意义。一个人在幼儿时期形成的对周围世界的探究兴趣及解决问题的能力会使他们终身受益。"

《幼儿园教育指导纲要(试行)》是指导学前教育课程改革的纲领性文件,它强调环境教育对幼儿成长的重要作用,希望教育工作者为幼儿扩展学习的空间,呼唤教师以自身对大自然的欣赏与热爱之情,引导幼儿走进自然,体会自然的变化与奇妙,焕发幼儿内心的探究意识,鼓励幼儿亲历探究过程,在充满神奇色彩的自然环境中感知四季的变化,学习初步认识周围环境,能动手动脑探究问题,学会表达交流探究的结果,在亲近自然的基础上热爱自然、珍惜自然资源。

（二）田野活动和幼儿科学活动的理论基础

幼儿园田野活动以陶行知的生活教育理论、问题中心设计理论和项目教学理论为理论

基础,强调幼儿是学习的主体,给幼儿充分的时间思考,注重环境和生活在幼儿自主性学习中的重要作用,为幼儿的学习提供符合幼儿年龄特点的环境和条件,是对传统课程的改革和创新。

幼儿科学教育强调让幼儿动手、动脑,倡导探索知识和解决问题的过程和方法比知识本身更重要的理念。幼儿科学教育要以幼儿为中心,尊重和培养幼儿学习科学的情感和兴趣等内在动机。科学存在于生活中,科学教育要关注生活、贴近生活。

（三）概念界定

1. 田野

"真实、参与、现场、开阔、清新"是对以田野为特色的课程整体研究提出的愿景。我们基于这一理念,结合本区实践,界定田野的概念。

（1）田野是真实的,即参与者都在活动中投入真实的情境中去,关注幼儿在生活和发展中真正需要解决的问题。

（2）田野是动态的,即教与学都是在现场进行的。现场由一个或多个活动情境组成,隐含着可供幼儿学习和发展的因素。随着任务、材料和空间的变化,现场也相应发生变化。

（3）田野是自然的,即到真实的自然中去,以自然物为工具开展活动,注重幼儿在自然中的和谐发展。

因此,田野是指真实的、动态的、自然的客观存在。

2. 田野科学活动

田野科学活动方案是在主题活动背景下,以自然教育为基础,由幼儿、家长、教师、社区、社会等各方共同参与,让幼儿在幼儿园内外的真实生活场景中,通过现场感知、情境操作和互动交流进行学习和体验的一种活动方式。在园本课程实践中形成以"真实的、动态的、自然的田野"理念为指导,以幼儿主动学习为基本形式,以生活经验为基本线索,以科学素养发展为目标的各种活动。

（四）现实意义

以往我们关注的幼儿科学教育,往往以追求幼儿对科学知识的掌握为主要目的,或单纯为理解科技知识和关系进行练习性和验证性的操作,而未足够重视幼儿的科学探究。在幼儿田野科学活动的实践中,我们除了为幼儿提供真实的、丰富多彩的、自然的环境,激发幼儿热爱自然、关注生活的积极情感和态度外,还以主动性和探索性为核心,挖掘幼儿科技教育的深层价值,使幼儿从教师控制的被动学习中解放出来,真正成为主动的探索者和学习者。在此过程中,教师需要进一步改变科学教育范式,树立新的课程资源观。

二、国内外研究现状

在国外,田野课程的理论较健全,实践行为较丰富。近现代很多教育思想家都倡导教育要贴近幼儿、走进自然、联系生活。在这些理论和观念的影响下,欧美国家一直比较重视幼儿的户外教育。户外教育是与田野课程联系最紧密的概念,其核心概念是户外(outdoor)、自然(nature)、生活(life)、学习(learning)等。欧美一些国家认为早期户外教育对幼儿一生发展有着长效的作用,它有助于幼儿情感、社会交往和身体及生活技能的发展。

在国内,陶行知、陈鹤琴等教育家在很早之前就鲜明地提出并践行着"生活即教育,社会即学校,教学做合一""大自然、大社会都是活课程"的教育理念。一些幼儿园开始尝试开展田野课程,比如云南玉溪红塔区第一幼儿园、江苏南京太平巷幼儿园在进行涉及田野课程的研究,开展了一系列与田野课程相关的活动并形成了一些有价值的经验。

我园则对幼儿园田野科学活动进行了具有前瞻性的开发与实践研究。

第二节 幼儿田野科学活动开发与实践的研究成果

一、梳理了田野科学活动在园本课程中的架构

幼儿田野科学活动开发与实践研究把田野课程的内容融入了园本课程的目标、课程结构框架、课程安排、课程实施和评价里。如课程目标中的表述:培养乐于探索的幼儿——培养幼儿自主的、探究的、体验的学习方式;培养心灵手巧的幼儿——培养幼儿良好的科学素养,使他们亲近自然,喜欢摆弄、观察、提问,并有一定的想象力和创造意识……

图5-1为课程实施框架图,图中的科学特色活动就是田野科学活动的内容。

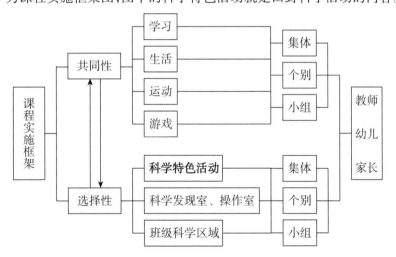

图5-1 课程实施框架

我园设置了选择性课程(特色课程),在特色课程总目标和活动项目安排中都能体现田野科学活动的安排(表5-1中加粗的部分)。

表 5-1　特色课程

特色课程总目标	乐于探索,形成自主的、探究式的、体验式的学习方式;具有良好的科学素养,亲近自然,喜欢摆弄、观察、提问,并有一定的想象力和创造意识		
活动项目	主要选用教材	主要内容	设置
户外探究	自编活动集	**户外科学小游戏(可根据天气调整为室内)**	每班每天 1 次
专用活动室　科技创新操作室	自编活动集	科学小实验、科技小制作、科学活动等	中、大班幼儿每班轮流进室,轮到的班级一周内进室 2 次
科学发现室	自编活动集	科学探索、发现	中、大班每班轮流进室,每次轮到的班级连续进室 1 周
班级科学探索区域	资源库	科学探索、操作活动	每班每日进行
科技乐园	活动资源库	沙、水、桥、种植、养殖等区域	每班每周 1 次
科技节	活动资源库、本年度活动方案	科技故事讲述、科学小品的编排与表演、风铃大赛、赛车、科学小实验、科技小制作、科学家的故事、科幻绘画、科普宣传等	每年 1 次
田野科学活动	"幼儿园田野科学活动方案集"	**利用周边田野资源,与田野里的动植物互动**	每班每周不少于 1 次
亲子活动	资源库	开展科技小制作、科学小实验、科学棋谱设计、科学小品表演、科学家故事讲述等活动	每学期 1 次

在课程实施中,我们设置了选择性课程的实施提示:户外探究——利用自然物就地取材进行户外科学探究,每日 20 分钟,以自主游戏的形式开展;田野科学活动每周一次,以集体、小组、个别的形式进行,时长按活动需要而定。

二、确立了实施幼儿园田野科学活动的原则

1. 体现科学性原则

以培养科学素养为核心,以知识为载体,以看中学、玩中学、想中学、试中学、做中学、用中学为形式,贯串对科学态度、科学知识、科学能力与方法、科学行为与习惯等方面的综合培养。

2. 体现实践性原则

贯彻尝试、探索、实践、操作的原则,以幼儿的亲身实践为主,使他们乐于参与,积极探索,在活动中引发兴趣、获得体验、建构知识、培养技能。

3. 体现适切性的原则

活动的设计以幼儿的生理年龄、心理特点和认知规律为基础,选择合适的田野科学活动的内容和形式。

4. 体现综合性的原则

变革以往科学活动方案的单一性和科学教育与技能培养相脱节的定式,实现知识、技能与情感领域的综合,活动目标、内容与形式的综合。

三、提炼了实施幼儿园田野科学活动的策略

(一) 以田野科学游戏的开发为本研究的突破口

教师把田野科学游戏的开发作为田野科学课程实践的一个重要途径,经过三年的研究,设计了一百多个既能体现科学原理又为幼儿喜爱的田野科学小游戏。这些游戏的开发,充分利用了田野资源,又让幼儿从"读科学"转向"玩科学",在动手、动脑、自由探讨中获得直接经验,开发了幼儿的创造力,而不是让幼儿静态地、被动地吸收知识。通过实践,我们发现只有以幼儿为本,采用让幼儿喜闻乐见的方式,才能真正实现幼儿科学教育的深层目标。

在开发的过程中,我们关注了田野科学游戏内容的选择。在每一个田野科学游戏活动方案设计之前,教师们都要考虑内容的科学性、场地的适宜性、活动的游戏性。在活动设计之前,首先以年级组为单位,以头脑风暴的方法讨论每一个活动是否具备这些特性。

在游戏开发过程中,我们还充分发挥了家长和幼儿的作用。如在挖掘资源时,因为田野科学游戏的资源大都来自幼儿生活周围的自然物、废旧物,所以家长、幼儿和教师一起收集活动材料。为了开发更多有趣、有科学意义的田野游戏,我们还在每年一次的科技节举办了"亲子田野科学游戏设计比赛",邀请每位家长参与。活动结束后,每班的家长工作坊评选出若干个活动参加园部的比赛。经过教师的指导以及层层筛选,家长设计的亲子田野科学游戏成为亲子活动的极佳内容。如开发出了亲亲小树苗、泥土里的生命、不一样的豆豆、穿越小树林等深受孩子们喜欢的亲子田野科学小游戏。

幼儿是田野科学游戏的体验者,也是参与活动的设计者。他们在园内与人、与物互动的过程中,或多或少地会表现出对事物的兴趣。这些兴趣点很有可能是田野科学游戏的雏形。因此,我们要求教师善于捕捉发现幼儿在田野里感兴趣的资源和活动点,梳理和开发成幼儿喜爱的田野科学游戏。如在寒冷的冬天,幼儿对农村田野小路边上水沟里的冰产生了很大的兴趣。教师发现幼儿的这一兴趣点后,开发了田野科学游戏:粘起来的冰块,让幼儿利用大自然的馈赠,在体验游戏快乐的同时对冰块的特点有了感性的认识。

(二) 以屋顶菜园的开发作为田野资源的延伸

1. 创新屋顶菜园的布局和使用

作为田野科学课程实践场所的屋顶菜园,它的架构和实践是田野科学活动的特色。

为了保证屋顶菜园的实用、科学、美观等要求,我们对屋顶菜园进行了整体设计。首先

确定活动场地,即需要这样的场所:有阳光的、通风的、安全的、利于幼儿通行的、能满足至少一个班级的幼儿在里面活动的。根据这些要求,我们选择了在两楼平台上的一个300平方米的场所,四周有高于1.2米的不锈钢栏杆围起来的护栏。

接下来需要进行整体设计,包括种植方式的确定、区域的划分以及种植物的选择等。因为是在屋顶上,我们须考虑场地的承重,就选择了不需要很多泥土的种植方式:水培。水培种植除了避免需要大量的泥土之外,还有一个很重要的优点就是干净——不用施肥和喷洒农药(这些优点非常适合幼儿的种植、管理、观察和探索等活动)。把种植方式从传统的泥土栽培确定为水培之后,接下来就是选择水培的器材,无论是设计单位、施工单位还是园部,都一致地选择了PVC管道这种既轻便又美观的材料。

之后,在园方首先提出初步设想的基础上,由专业的设计人员和专业的施工单位对屋顶菜园进行整体架构的设计,特别具有技术含量的是水培管道排布以及自动喷淋系统布局。完成了以上工程之后就是研讨每个区域的功能定位,从屋顶菜园设置的主要目的和幼儿活动的需求出发,我们将整个菜园分为了水培区、香料区、立体栽培区、鱼菜共生区、实验区、交流分享区、工具区等七大区域。

2. 确立屋顶菜园的设计理念与幼儿发展的关系

屋顶菜园在设计意图上强调了六个"突出",即突出幼儿科学素养的培养,突出给幼儿一个空间,突出幼儿主动活动,突出源于生活、接近生活、尽可能真实地反映生活,突出师幼共同学习、共同提高,突出屋顶菜园的科学种植。在活动中充分给予幼儿尊重,满足各个年龄段幼儿的发展需求和好奇心。同时,我们不仅让幼儿在活动中学到科学知识,还要培养他们坚持不懈地探究一些科学原理的品质和不断发现问题、解决问题的能力,让幼儿都能获得成长,有所收获。

四、探索了幼儿园田野科学活动课程的实施路径

(一) 园内的实习场

1. 正式途径:每周一次的田野科学活动。如幼儿园的菜园里种上蚕豆,在蚕豆开花的时节开展"寻找豆耳朵"活动。豆耳朵对现在的孩子来说是既神奇又陌生。我们通过寻找、观察豆耳朵的活动,引发幼儿观察身边各种植物的兴趣。

2. 非正式途径:个别化学习活动中的渗透,一日活动中的渗透(室外种植园地、室内自然角中的种植与养殖等),环境创设中的渗透等。

(二) 园外的经历场

1. 社区中的参观和郊游。如去社区里的蔬菜种植基地,探索基地与幼儿园的植物的相同点和不同点,了解现代种植给人们生活带来的变化。

2. 家庭中的互动与延伸。如在幼儿园进行过"树叶吹泡泡"的活动之后,幼儿回家寻找适合吹泡泡的树叶并和家长一起制作"树叶泡泡器"。

五、促进了田野科学课程的有效管理

（一）形成了有效的园本制度

在田野科学活动研究过程中,我们制订了一整套的相关制度,如田野课程审议和调整制度、课程评价反馈调整制度、教研活动制度、田野课程资料管理制度、田野科学活动质量评估分析制度、田野科学课程专用活动室管理制度(包括屋顶菜园管理制度和生活劳作室管理制度)。每一项管理制度的制订都本着可操作和可检测的原则,有效地保证了教师在实施田野课程过程中的计划性、有序性、自觉性和可操作性,为保证田野科学活动的有序推进起到了很好的作用。

（二）提高了教师对田野科学课程的实施能力

在刚开始实施田野课程的过程中,有一个很大的困惑就是教师对田野的陌生。三所幼儿园的一线教师大都是年轻人,虽然大都生在农村、长在农村,却不知道田野中有什么可以值得组织幼儿进行活动的。其中大多数教师还不清楚常见蔬菜瓜果的生长过程、生长条件,还有一部分教师对农村的田野没有多大的感情和热情,更有很大一部分教师怕带幼儿外出进行田野活动发生安全事故。

基于以上种种现状,我们的策略是:第一,让教师对田野充满感情,如组织教师到农村去进行"我眼中的最美农村""身边的大自然"等摄影比赛活动,促使教师走进田野,激发教师热爱大自然的情感。第二,让教师熟悉田野,如请农科站的技术人员对教师进行农作物知识的培训,让教师了解现代种植、现代养殖的一些方法,并组织教师进行"田野科学知识知多少"的竞赛活动。第三,组织教师开展田野科学活动方案设计与专题讨论,包括田野科学资源开发的讨论、田野科学集体活动的研讨、个别化学习活动设计的要点研讨等。第四,让骨干教师引领田野课程的实践活动。在这些活动的基础上,教师开始喜欢田野,对田野的知识也有了感性的认识和经验。但是由于教师个体之间的差异,教师在活动的设计和实施中的效果不一,一些教师感觉还是无所适从。为此,我们专门组织园内的骨干教师进行田野科学活动示范课,包括集体活动的示范、个别化活动的示范和数字故事讲述的示范等。通过全园参与组织田野科学活动的展示,如田野科学游戏的设计比赛和展示活动、田野科学集体活动展示活动、田野科学故事讲述比赛、田野科学活动视频制作比赛等,终于激发了全园教师对田野科学活动的热情,提高了全园教师对课程的实践能力。

（三）有效地利用了家长资源

1. 引导家长关注每一次田野科学活动。在收集田野科学活动资源时,让家长提供活动材料、资源、信息等,如在开展田野百宝箱的活动前,各班教师在班级微信群发出征集田野百宝箱的素材的号召,家长提供了兰花种植基地、漕泾休闲水庄、护塘蔬菜种植基地等资源信息。

2. 建立家长人力资源库。教师梳理田野科学资源后,收集与之相对应的家长人力资源信息,如兰花种植基地的技术员、蔬菜种植基地的专家等,并把这些资源信息建成资源库。

教师需要在带孩子去活动前及时和资源库内的家长进行联系、沟通。

3. 充分利用祖辈家长参与田野活动的组织。幼儿的田野活动很多地方涉及农业种植和养殖这些问题,相对没有经历过农作物的种植和管理的年轻父母来说,祖辈家长具有丰富的农作物种植经验和方法。因此,我们充分发挥祖辈家长的作用,如组织幼儿去农民家庭,现场直观地听爷爷奶奶介绍农具的演变过程,使幼儿清晰地感受先进的农耕工具为种田带来的巨大变化。

4. 指导家长参与田野科学活动。在组织田野科学活动的过程中,教师们发现很多家长不具备指导孩子参与活动的能力,如有些家长自身都分不清稻子和麦子的区别、韭菜和青草的不同。因此,在组织每一次田野科学活动之前,教师首先在群里告知家长活动的内容、活动的主要目的、活动所需的资源、相关的一些知识经验,即首先对家长进行田野科学知识的培训。用这样的方法来提升家长对田野知识的熟悉程度,提高家长指导孩子参与活动的能力。

六、制订了幼儿园田野科学活动评价指标体系

我们围绕"田野科学""幼儿身边的科学"这些关键概念,以田野科学活动中幼儿的科学素养的培养为评价目的,以幼儿科学素养的三要素(情感与态度、知识与经验、方法与能力)为一级指标,采用过程性评价、发展性评价、人本化评价等方法,制订了小班、中班、大班三套评价指标体系。以小班的评价指标体系为例(见表5-2)。

表5-2 小班幼儿科技素养评价指标体系

一级指标	二级指标	内 容	评定标准		
			好(5分)	中(3分)	差(1分)
情感与态度	充满兴趣	对田野充满好奇,愿意参加田野探索活动	对田野充满好奇,十分愿意参加探索活动	对田野比较好奇,在成人的引导下愿意参加探索活动	对田野不好奇,不愿意参加田野探索活动
	好奇好问	对田野里的一些新奇的科学现象感兴趣,喜欢问"是什么""为什么"	对田野里的一些新奇的科学现象很感兴趣,常问"是什么""为什么"	对田野里的一些新奇的科学现象比较感兴趣,能问"是什么""为什么"	对田野里的一些新奇的科学现象不感兴趣,不问"是什么""为什么"
	感知田野	对在田野中进行科学种植、科学养殖感兴趣,在成人引导下参与种植、养殖活动	对在田野中进行科学种植、科学养殖非常感兴趣,在成人引导下积极参与种植、养殖活动	对在田野中进行科学种植、科学养殖比较感兴趣,在成人引导下能参与种植、养殖活动	对在田野中进行科学种植、科学养殖不感兴趣,在成人引导下不能参与种植、养殖活动
	乐意交流	向同伴交流自己的探索结果	乐意向同伴交流自己的探索结果	比较愿意向同伴交流自己的探索结果	不愿意向同伴交流自己的探索结果

（续表）

一级 指标	二级 指标	内　容	评定标准		
			好(5分)	中(3分)	差(1分)
知识 与经验	认识 比较	认识常见的动植物,能注意并发现周围的动植物是多种多样的	认识常见的动植物,能注意并发现周围的动植物是多种多样的	认识常见的动植物,能注意并发现周围的动植物是多种多样的	不认识常见的动植物,不能注意并发现周围的动植物是多种多样的
	简单 描述	对田野里常见植物进行简单的描述、分类、对应。能利用自然物进行简单的制作	能对田野里常见植物进行简单的描述、分类、对应。能利用自然物进行简单的制作	基本能对田野里常见植物进行简单的描述、分类、对应。基本能利用自然物进行简单的制作	不能对田野里常见植物进行简单的描述、分类、对应。不能利用自然物进行简单的制作
	了解 工具	了解常见的与种植、养殖相关的劳动工具和用具	对常见的与种植、养殖相关的劳动工具和用具很了解	对常见的与种植、养殖相关的劳动工具和用具比较了解	对常见的与种植、养殖相关的劳动工具和用具不了解
	了解 常识	了解科学种植、养殖方面的一些简单的常识	对科学种植、养殖方面的一些简单的常识很了解	对科学种植、养殖方面的一些简单的常识比较了解	不了解科学种植、养殖方面的常识
方法 与能力	仔细 观察	对感兴趣的事物能仔细观察,发现其明显特征	对感兴趣的事物能仔细观察,发现其明显特征	对感兴趣的事物基本能仔细观察,可基本发现其明显特征	对感兴趣的事物不能仔细观察,不能发现其明显特征
	关注 结果	能用多种感官或动作去探索物体,关注动作所产生的结果	能用多种感官或动作去探索物体,会关注动作所产生的结果	基本能用多种感官或动作去探索物体,时常关注动作所产生的结果	不能用多种感官或动作去探索物体,不会关注动作所产生的结果
	信息 意识	能在成人的帮助下学习搜集一些与田野相关的信息	能在成人的帮助下学习搜集一些与田野相关的信息	有时能在成人的帮助下学习搜集一些与田野相关的信息	不能在成人的帮助下学习搜集与田野相关的信息

（续表）

一级指标	二级指标	内　容	评定标准		
			好（5分）	中（3分）	差（1分）
方法与能力	观察能力	用感官观察和探究与田野相关的事物并提出相关问题	能用感官观察和探究与田野相关的事物并提出相关问题	有时能用感官观察和探究与田野相关的事物并提出相关问题	不能用感官观察和探究与田野相关的事物或提出相关问题
	操作能力	用多种工具和材料进行操作	能用多种工具和材料进行操作	基本能用工具和材料进行操作	不能用工具或材料进行操作
	制作能力	在成人引导下收集田野自然物并进行制作	能在成人引导下收集田野自然物并进行制作	有时能在成人引导下收集田野自然物并进行制作	不能在成人引导下收集田野自然物或进行制作
	表达能力	用言语、绘画的形式表达自己在探索、观察中的发现	善于用言语、绘画的形式表达自己在探索、观察中的发现	基本能用言语、绘画的形式表达自己在探索、观察中的发现	不能用言语、绘画的形式表达自己在探索、观察中的发现
	推理能力	利用以往经验进行猜测和尝试	善于利用以往经验进行猜测和尝试	在成人引导下能利用以往经验进行猜测和尝试	不能利用以往经验进行猜测或尝试

第三节　幼儿田野科学活动开发与实践的成效

一、改变了幼儿科学学习的方式

　　田野科学课程为幼儿提供了真实的、丰富多彩的自然环境,激发了幼儿热爱自然、关注生活的积极情感和态度。同时,以主动性和探索性为核心,挖掘了幼儿科技教育的深层价值,使幼儿从教师主导的被动学习中解放出来,真正成为主动的探索者和学习者。田野科学活动并不强调科学知识的系统性,但也不排除给予幼儿有明确主题的、成为系列化的科学游戏,以便幼儿较多地学习、掌握某一事物或现象的特征、性能和用途,更好地把握认知事物的方法,培养有目的学习的能力。较课堂教学而言,田野科学活动更具有主动性、自发性、愉悦性和持久性等特点。在田野里,幼儿有意注意的时间较长,在看看、玩玩、议议、做做中多种感官得到运用,活动任务也在自然的、无拘无束的状态中完成。

在田野科学活动中,幼儿关心的并不是那些客观事实和科学定律,而是他们可以根据自己的兴趣和能力与植物、动物互动,进行自主活动,通过自己的观察、探索、发现逐渐积累更多的经验和感受,从而发挥潜力。如在屋顶菜园里,幼儿会自主地选择观察的区域和活动的材料,自发地与同伴商讨制订系列观察计划,在碰到问题和困难的时候会自觉地根据教师提供的支持性材料和环境进行探究,或找寻教师和同伴的帮助。在此过程中,当涉及某一区域植物观察的系列计划,或需要同伴的合作等,幼儿都会自主地完成,不再需要老师的引导,其自主性得到充分显现。

二、改变了教师科学教育的范式

在田野中,幼儿比在教室中表现得更生动活泼。对于田野,他们有好奇心,有想要探索的欲望。因此,教师需要放手,让幼儿自由地奔跑在田野上,给予他们最大的探索空间,鼓励、支持他们的探索行为。此外,在活动中,教师还要根据幼儿的需要,及时做出反应,调整指导策略,成为幼儿活动的支持者、合作者、引导者,以促进幼儿全面发展。

同时,教师针对幼儿的现实能力和潜在接受能力,设计活动目标和内容,并采用合适的活动方法帮助幼儿从"接受学习"变为"主动学习",最后到"学会学习";教师变革教学方法,多提出"问题情境"或"任务情境",引发幼儿的认知冲突,从而把教师替代式教学的枯燥过程,变成幼儿主动学习、互相分享的愉快过程;教师针对幼儿的心理需求和当前发展需求灵活变换预定的内容,使幼儿活动的内容在规定性的基础上有自主性。

【案例】 小班科学活动"不一样的叶子"的差异设计

表5-3　小班科学活动"不一样的叶子"的差异设计

	常规科学活动设计	田野科学活动设计	差异表现
活动准备	1. 教师准备各种颜色不一、形状不一、大小不一的叶子 2. 各种各样树叶的PPT	教师事先在园内选择好有不同树叶的区域(需要有足够幼儿活动且没有安全隐患的空间)	田野科学活动中教师不再需要辛苦地准备大量的树叶、辛苦地准备PPT,教师需要准备的就是挑选有不同树叶的区域以及检查活动场地的安全性
活动场所	室内	室外	把传统的室内搬到了活动空间更大的室外
活动过程	一、说说叶子 师:这里有很多的叶子,看看这些叶子长得一样吗 二、找找叶子 师:我这里有一片叶子,我们一起来找	一、交代任务 师:我这里有一片叶子,可是他找不到妈妈了,我们小朋友一起帮他找妈妈好吗 二、寻找叶子妈妈	常规的在室内进行的活动流程比较规范:说说—找找—看看,形成了幼儿科技教育所固有的教学模式,在实施的过程中我们可以发现:看似自主的教学模式其实不自主,幼儿必须按照教师设定的要求一步步完成任务,没有更多的探索空间,没有充分的感知,幼儿的情感不会愉悦,幼儿的感知不够充分,幼儿的活动不够自主

（续表）

	常规科学活动设计	田野科学活动设计	差异表现
活动过程	找和它长得一样的叶子 三、看看叶子 师：老师这里还有很多不一样的叶子，我们一起来看看（看PPT）	幼儿自主寻找叶子妈妈 三、说说理由 师：为什么说她是小树叶的妈妈	而在田野科学活动的预设中，老师更多地考虑了真正的自主、自由：没有活动场地的限制，没有活动材料的局限，教师把探索的时间、空间还给了幼儿，教师让幼儿带着目标任务（寻找小叶子妈妈），在游戏情景中幼儿自由自在、自然而然地进行有趣的、有目的的活动，学得轻松自由，获得的是更多的情感上的体验和更多的自主探究

在幼儿田野科学活动的实践过程中，教师不断研究"教"与"学"的关系，通过对同一个活动的多次教学，获得关于如何根据幼儿的年龄特点实施更利于幼儿探究的经验；观察探索幼儿科学学习的行为和过程；针对教学活动，不断提出问题，及时总结分析自己的教学行为，最大程度地实现教育理念与教育行为之间的转变。

三、树立了新的"课程资源观"

大自然不仅为幼儿提供了天然、有趣、丰富、生动、开放的各种探索场所，而且在每一个季节，都有着神奇的变化。无论是色彩斑斓的植物花草，还是形态各异的鸟兽鱼虫，都足以让幼儿凝神驻足、流连忘返；无论是农田里丰收的稻谷，还是树上累累的果实，都会使幼儿体验到艰辛、品尝到喜悦；更有无数的野花野草、泥土、沙石、树叶、果壳，无不是幼儿进行创作的源泉。广阔的大自然，是满足幼儿的好奇心，帮助幼儿获得快乐与发展的最好教材和资源。因此，田野科学活动的开发不仅能使教师转变观念，树立大课程观，丰富课程内容，更能从真正意义上实现幼儿的快乐学习、健康发展。

第六章　深探究:让幼儿在田野中奔跑

从幼儿田野科学活动到幼儿田野探究课程,虽然仍以田野为基地,但幼儿的发展却从科学活动走向了更为广阔的探究领域。探究活动的开展既可以整合幼儿的语言表达能力和社会交往能力,又能提升他们的思维能力,从而让幼儿在田野中获得更长远、更深层的发展,为他们的未来打下坚实的基石。

第一节　幼儿田野探究课程的基本设计与实操方略

一、田野探究课程的基本设计

在理念层面,我们把握田野探究活动的内涵,明确"儿童权利"的价值取向;在行动层面,重视"全经验"课程结构优化,统整田野探究活动内容,体现特色化、精细化、灵活化。从顶层视角、主体身份、系统思维、落地策略、科学指标等层面,确保田野探究活动由封闭走向开放,由个性化走向群体化。具体要求如下:

一是提炼田野探究课程理念,以顶层视角实现内涵式的发展;

二是明确田野探究课程目标,以主体身份探寻田野育人路径;

三是分析田野探究课程结构,以系统思维建构"全经验"课程;

四是聚焦田野探究课程实施,以落地策略开展可行性的操作;

五是完善田野探究课程评价,以科学指标设计园本化评价体系。

同时,我们将设计"金山孩子的36件田野里的童年小事"中的"全经验"田野活动课程图谱作为幼儿田野探究课程的重点任务。"全经验"田野探究活动课程的"全",不是数量上的全,而是对儿童经验领域的全覆盖。72个关键事件是田野活动课程的实施载体,涵盖了幼儿身边的万事万物。在它们的滋养下,幼儿将成为一个完整的人。田野活动课程图谱仅作为田野活动课程的实施指南。教师们自主选择并编写了适合本园或本班的"关键事件活动手册"。

"金山孩子的36件田野里的童年小事"中的"全经验"田野活动课程的设计思路为"三大领域"和"九大板块"。三大领域:依据"三条线索"(人与自然、人与社会、人与自我)确立三大领域——亲近自然、走入社会、学会生存。九大板块:将每个领域细化为三个板块。具

体内容如下:

亲近自然:自然环境、生命世界、生态系统——喜欢自然界和社会生活中美的事物,与自然和谐相处。幼儿在真实的、自然的、丰富多彩的田野生态环境中接触相关植物、动物,在自然的、常态的观察中了解它们的生长习性以及物种之间的关系,以此增强幼儿对自然的敬畏和珍惜之情,并能充分满足幼儿对自然界的好奇,让他们用自己的方式去了解自然、探索自然、发现自然。

走入社会:社会交往、社会适应、社会责任——参与目标一致的田野、社会活动并具有初步的归属感。遵守基本的行为规范,适应田野和社会生活,学习在田野和社会活动的各种磨合中找到新的认同,确立新的对自然、对社会的认知,从中获得实际的体验。包括适合个人和社会需要的情感、交际、亲和、合作、审美、体能、想象、创造、独立判断、批判精神等方面全面、充分的发展。

学会生存:野外生活、社会实践、应急处理——尊重幼儿权利,以幼儿在野外生活和社会亲身实践为活动阵地,引导幼儿了解自己的弱点和优点,善于发现问题、接受挑战、团结协作,想办法把自己的弱点变成长处,学习碰到困境的突破方法,解决在田野活动、社会生活中碰到的实际问题,遇事不慌张,成为善于思考、能应对突发状况的强者。

二、田野探究课程的实操方略

在区域化田野活动课程 1.0 版和 2.0 版的基础上,我们有效实施了 3.0 版的田野探究课程。3.0 版的田野探究课程架构呈鸟巢状,其以多维联动、有逻辑的课程体系为标志,将课程、活动、评价、管理以及师幼发展融为一体,即文化建构与创生层次的课程变革。为达成这种变革,我们衍生了 16 条幼儿园田野探究课程实践的典型路径:

1. 背景清晰化

首先,运用 SWOT 分析法对本园的地理环境、自然环境、社会环境、文化、课程现状、幼儿需求、教师现状等因素分别进行强项、弱项、机遇和危机分析,把握幼儿园实施田野探究课程的优势与弱点。其次,运用 KISS 分析技术检视现有的田野探究课程项目,对现有的田野探究课程项目进行保留(keep)、改进(improve)、启动(start)或停止(stop)的分析。最后,注重思路研究,破解当前幼儿园田野活动课程发展中的热点、难点问题,把制约课程发展的重大问题贯穿于调研过程的始终,特别关注趋势预测、项目策划、特色导向等内容。

2. 愿景具象化

确立我园的田野探究课程哲学,即"自然触碰,为了孩子的一百种惊奇和探究"的课程理念和"儿童权利"的价值理念,明确田野探究课程的愿景,用课程哲学映照田野探究课程的实践,并将田野探究课程愿景具象化。用具象化的方式观察课程、分析课程与建构课程。用具象化的愿景去说明幼儿园田野探究究竟是什么、为什么和怎么做。

3. 经验模型化

建立了田野探究体系和基于田野探究哲学的课程,并将园本课程与之有机地结合成一个联系紧密的、有逻辑的"育人整体",即构建了本园的田野探究模式(包括幼儿园课程哲学、课程结构、课程功能、课程实施以及课程管理与评价）。

4. 特色场馆化

除了让幼儿在真实的、自然的、丰富多彩的田野生态环境中进行田野探究活动之外，我们还重新规划了校园田野探究活动区域，使校园空间形成了"五园、四桥、三地、两树、一廊"的整体规划。

五园：小小动物园、蘑菇园、紫竹园、水果园、百菜园。

四桥：铁索桥、木头桥、石头桥、玻璃桥。

三地：泥巴地、青草地、沙地。

两树：百年松树、梧桐树。

一廊：问题长廊。

这些空间既有别于户外的自然活动场所，又有别于幼儿园内的专用活动室，它是田野活动场所的延伸，集幼儿的自主阅读、观察、实践、体验、反思等于一体。其活动方式灵活多样，以自主学习、探究为主，满足幼儿的好奇心，培养自主学习的能力，给幼儿提供更便捷的田野活动空间。

5. 主题仪式化

每个学期开始前，幼儿、教师、园领导集体策划、共同商讨本学期的"田野节"方案。"田野节"一般为期一个月。我们围绕田野活动的精心准备，做到周密策划、全员参与。

6. 内容整合化

田野探究的实施需要遵循统整的原则，体现多维联结与互动。按照"三条线索"（人与自然、人与社会、人与自我），结合"三大领域"（亲近自然、走入社会、学会生存），基于"金山孩子的36件田野里的童年小事"全经验课程，既有"领域内统整"，又有"领域间统整"；既有"跨领域统整"，又有"领域与活动统整"，还有"园内与园外统整"等。

7. 研究专题化

专题化的田野探究活动课程，以课题引领营造研究氛围，将课题研究同田野探究的有效推进紧密结合；以多种形式搭建展示平台，通过分享展示、参与互动、同伴互助、网上交流、交流切磋、观摩研究等形式，为教师提供展示田野活动研究成果的平台。

8. 活动立体化

田野活动课程是有设计、有组织的经验系统。在实施田野探究的过程中，更需要重视幼儿直接经验的获得，引导幼儿采用多样的、活跃的学习方式进行有效活动，关注课程实施的重要方法：实践、沉浸、对话、互动、参与、体验，通过一系列的实践活动，丰富幼儿的经历，让幼儿亲近自然，走进社会。

9. 互动微媒化

充分运用互动微媒时代的文化传播方式，借助互动微媒资源优势，让每一个人"进入"课程变革，让微媒成为教师、幼儿、家长以及其他关心田野探究实施的各种群体进入课程改革的一个通道。保持持续连接状态,建立课程项目与课程关联者之间持续的互动关系,随时随地地进行多维交互,在交互中建立更直接的关联。

10. 技术研修化

以各片区以及"模式研究组""信息研究组""产品研究组"为主阵地,经常通过深入和针对性强的、形式多样的研修,如网上学术沙龙、教师学习会、园长论坛、学术讲座、课程展示、示范课等,建立片区田野探究研修协作组,定期组织片区田野探究经验交流活动和研讨活动,挖掘和利用各组课程开发资源,通过资源引进、资源集聚、成果转化、特色借鉴、课程再开发等途径,把好的经验与做法流通起来。

11. 活动载体化

以田野活动的特点"真实探究、互动体验、适切支持"为载体,支持幼儿的学习探索,通过优化学习载体,使幼儿的活动有方向、有内容。

12. 支架项目化

课程实施需要一定的支架。在前期进行田野探究实施经验的基础上,我们以"幼儿的主动发展"为前提,以"四性、五步、七要素"为支架进行课程的实践活动。"四性"指的是体验性、教育性、趣味性和联结性。"五步"即以项目化学习的模式进行活动实施,把活动流程相对固定为五步,第一步,幼儿问题的产生;第二步,预设网络图,对幼儿提出的问题进行初步的归纳;第三步,探究活动第一阶段:半结构化的探究学习;第四步,探究活动第二阶段:以小组合作为主的探究;第五步,探究活动的结束阶段:个性化、多元化地表达结果。"七要素"指对每个主题的活动目标、驱动性问题、所需的资源、支持性工具等进行确定,对每个主题中的系列活动的成果个性表达、活动流程及每个活动的经验点等进行分析归纳。

13. 要求标杆化

标杆管理方法较好地体现了现代知识管理中追求竞争优势的本质特性,因此具有巨大的实效性和广泛的适用性。我们通过标杆思维的再造、标杆管理与规范化要求,从探求课程开发、实施等标准到课程建设流程、品质要求的制订,全面提升各片区课程品质,直至"呈现你想要的理想结果",成为品质课程的标杆,让教师成为具有敏锐洞察力、规范化思维能力的课程变革者、创新者及规范缔造者。

14. 操作手册化

田野活动课程是全员参与的活动,因此需要一套供交流、分享的课程资料,形成田野探究手册(或田野探究指南)。田野活动课程手册包括课程理念、课程目标、课程内容、课程实施策略、课程评价指标等。

15. 需求差异化

我们实施田野探究课程的最终目标是实现全体幼儿的发展而非部分幼儿的发展。然而,幼儿之间的差异客观存在,如性别差异、年龄差异、认知差异等。因此,我们需要教师在实施课程时基于幼儿个体间的性别、年龄、认知等差异,立足幼儿个性化的发展水平和活动需求,创设多元化的活动环境、弹性化的活动过程以及差异性的活动目标,贴近幼儿的学习需求,聚焦不同幼儿的生长点,以激发每一位幼儿学习的内驱力,使其获得全面发展。

16. 类群聚焦化

围绕田野活动,建立相关联的课程群,对实施田野探究活动是非常有必要的。课程群不是简单的田野探究课程集合,而是基于知识体系构筑的有机课程体系模块。各课题组之间需要秉持课程群的思想,发挥主观能动性,建立田野探究间的内在联系。课程群建设应将重心放在相关课程之间内容的整合上。课程组教师应该通过对不同课程内容进行深入分析,寻找相互之间的内在关系,找到将不同课程联系在一起的恰当的主线(研究主题),将课程内容进行优化整合即再设计。

第二节　幼儿田野探究课程的主要观点与实施成效

一、田野探究课程的主要观点

(一) 动态的时间赋能幼儿持续探究的深度

在田野探究活动中,探究持续时长直接关联探究的深度。在活动的推进过程中,根据项目化学习的特点,教师给予幼儿探究时间的多少在某种程度上决定着探究经验点获得的多少。因此,只有从严格地按照园部的作息时间表进行探究活动到探究时间班本化,授权教师根据幼儿对项目活动需求灵活安排班本化的作息,最终按照幼儿对科学探究活动的需求,由幼儿自主选择活动的时间。如果能实现这样的变革,那么,幼儿的探究才能更深入、更有效。

(二) 来源于课题的教研内容能研究真问题、架构真经验、促进真成长

在田野探究课程的实施过程中,以驱动教师发展的组织融合下的园本研修为深化田野探究课程实施的载体,是推进课程实施必不可少的保障,涉及教研内容的针对性选择、活动方式有别于常规化的组织等。而当教研的内容来源于教师们的真实需求,那么教师们对教研活动的热情就能持续被激发。除了解决常规教研中的一些困惑之外,各教研组把教师们的真实需求以专题的形式作为教研的主要内容。各教研组在专题教研时站在系统化的角度,聚焦课题研究,并在教师研修转型的同时,使教研的内容有效落实。教研组以"基于问题导向"开展活动,如田野探究活动中真问题如何产生和捕捉,主题核心经验如何在田野探究活动中体现等,将问题由浅入深地进行有序排列,制订学期与学期之间、前后教研活动之间有衔接、有递进的教研主题内容。将教研问题融合在大小教研活动中,在过程中有效做到研究真问题、架构真经验、促进真成长。

(三) 田野探究活动的实施需要有任务意识

在实施田野探究课程的过程中,需要有任务意识。田野探究课程的主要任务是:在理念层

面,把握幼儿科技教育活动的规划内涵,明确"儿童权利"的价值取向;在行动层面,重视"全经验"的幼儿科技教育项目化的结构优化,统整幼儿科技教育活动内容,体现特色化、精细化、灵活化。从顶层设计、主体身份、系统思维、落地策略、科学指标等层面,确保幼儿科技教育活动由封闭走向开放、由群体化走向个性化。这些明确的任务能使田野探究活动不断实现幼儿的个性化发展。

二、田野探究课程的进展和突破

(一) 幼儿学习方式实现了深度变革

通过任务驱动,幼儿更好地获得认知事物的方法,养成有目的的自主学习的能力。较传统的课堂教学而言,田野探究的活动更具有主动性、自发性、愉悦性和持久性的特点。幼儿学习方式实现了几个转变:从"灌输式"到"体验式"的转变、从"接受式"到"发现式"的转变、从"参与式"到"探究式"的转变。

如"金山海洋公园"项目开始时,幼儿的问题随之而来:海洋公园一定建在海里吗? 通过搜索信息,幼儿知道了海洋公园大多依海而建。那么计划中的金山海洋公园又会是什么样子? 这是幼儿最关心和最憧憬的话题。通过采访海洋公园的设计师,幼儿知道了将来的金山海洋公园不同于香港海洋公园和上海海昌海洋公园等以旅游开发为主的主题游乐公园,而是集保护海洋生态系统、自然文化景观和发挥生态旅游功能于一体的公园。结束了似懂非懂的采访,幼儿和教师一起讨论:什么叫生态旅游功能? 在讨论、分析、比较、举例中,幼儿逐步厘清了一个概念,即在不破坏原来样貌的情况下,在金山沙滩边上建一些适合旅游的设施。知道了金山海洋公园的定位之后,幼儿有了一个明确的任务:"建造"一个他们理想中的海洋公园。于是,从金山海洋公园的设计图到海洋公园的旅游内容、从建造海洋公园的材料到各场所的内部结构,所有的问题被幼儿逐一探究。之后在"施工"的过程中又碰到一系列需要更深入探究的问题,如保护区能否让游客进入? 是否需要设置休息的场所? 生态区怎样建设更能吸引游客? 怎么把著名的景点"金山嘴渔村"与金山海洋公园连接起来? 随着"工程"的不断扩大,幼儿的问题越来越多。这些问题没有标准的答案。不同小组的幼儿根据自己的理解和设想推进他们的"工程"。在幼儿持续深入的探究中,金山区2035年才能全面建成的金山海洋公园在我园幼儿的策划下全面"完工"。在历时两个月的项目活动中,教师看到更多的是幼儿的信息意识、探究精神、观察能力、推理能力、质疑解惑能力、创造性思维能力等的不断提升。在自主实践探索的过程中,幼儿的惊奇和探究不断出现,探究品质不断凸显。

(二) 教师加深了对学习模式的认同

在田野探究课程中,幼儿会有较高的自主性和探究欲望。因此,教师在实施课程时要学会放手,给幼儿最大的自主权和探索空间。以"项目化学习,成就孩子的一百种惊奇和探索"活动案例为例:

在我的脑海里一直有一种期盼的理想课堂:森林课堂以及阳光下的孩子。在一种自然的、真实的活动情境中给孩子经历并获得经验。

在参加了课程领导力项目的研究之后,我欣喜地认识到:我的这种理想课堂,就是田野探究活动下的课堂。在实践的过程中,我做了一些事情并有以下一些感悟。

第一,在观察、倾听中发现孩子的一百种惊奇和探索。

我通过可持续的项目——田野探究活动,观察在"发呆农庄"(孩子取的名字)里孩子们循着蜿蜒的小径与瓜果蔬菜相伴的那种投入和持久;观察孩子们反复尝试用甜芦粟的去了种子(或种子未成熟前)的穗子做成的扫把清扫户外场地;倾听孩子们在蘑菇园里反复探讨蘑菇老去的原因;观察孩子与树叶、泥土游戏,倾听孩子与蚂蚁、蚱蜢的对话……

在这个过程中,我非常"清闲",不用忙碌地引导孩子,只是默默地观看、记录、整理和与孩子讨论,让他们自行去解决活动过程中的真实问题,让孩子在自己的大量经历中获得经验。当然,不可否认的是,一开始我还是想教的,还是想和孩子发生一些互动的。但在孩子的玩中,我看到孩子们无师自通地学习与发展。于是,渐渐地,我打消了娓娓相授的念头,没有了更多的煞风景的追问与对话。

第二,基于儿童立场的支持和探索。

在观察和倾听孩子的过程中,在教师们越来越往后退的过程中,我们发现了孩子更多的探索和惊奇。为此,大家要给予孩子更多的支持。

如在"吹泡泡"项目中,历来是老师给孩子提供吸管,且是长长短短的。我们觉得这已经是很好的户外活动的材料了。但是在新的儿童观的拷问下,我们不由自主地去反思:儿童在吹泡泡的过程中到底获得了哪些经验? 在此过程中,儿童有哪些经历和发展? 某一天开始,我们就探索让孩子自己玩吹泡泡的事情,让孩子自己准备吹泡泡的工具。孩子们为了吹泡泡这个活动,大量地运用了以前在大自然中、在我们整个校园活动中与自然触碰的经验,最终他们找到这样的规律:凡是有长长管子的自然物一般都能吹出泡泡,于是,麦秆、竹子、芦苇秆、空心菜秆、葱、蚕豆秆等材料出现在孩子们的视线里。后来又有孩子发现:凡是有洞洞的自然物也能吹出泡泡,于是孩子们在树叶上挖出各种形状的洞洞,并发现无论什么形状的洞洞,吹出来的泡泡都是圆形的。又有一天,孩子们再一次惊奇地发现:树叶卷一卷也能吹出泡泡;随便捡起一根枯树枝也能吹出泡泡……

"吹泡泡"项目给了教师们全新的视角。大家的观点很统一:我们需要主动去支持和发现孩子的一百种惊奇和探索,而不是辛苦地去预设孩子的一百种惊奇和探索。这样一个观点的形成,基于我们一年比一年更加理解孩子在自然、真实的环境中对一个项目持续深入地探究的那种喜欢,也表明了我园教师对项目化学习的坚持和热爱。

(三) 课程资源观有了蜕变

大自然为幼儿提供了天然、有趣、丰富、生动、开放的场所,让幼儿进行各种探索活动,是满足幼儿好奇、获得快乐与发展的最好场所。通过田野探究课程的开发,教师能够转变观念,树立大课程观,丰富课程内容,从真正意义上实现了幼儿的快乐学习、健康发展。近三年来,老师和幼儿基于多年来对最感兴趣话题的研磨,一起开发了以"孩子的 36 件童年小事"

为架构的田野科学活动方案。该方案涵盖了幼儿进幼儿园后三年中在"自然触碰"中可能发生的各种事,是田野探究课程的实施载体。在万事万物的滋养下,幼儿将成为一个完整的人。这些活动的实现是孩子与大自然亲密接触的需要。不同年龄段的幼儿有不同的小事需要经历,它们以项目化学习的形式推进。

但这些项目中的资源只是各班活动的指南。还需要教师自主选择以上资源并编写适合本园、本班的"关键事件活动手册"。教师们树立了全新的资源观、课程观。在坚定的价值愿景的引领下,站在新的资源观的视角持续观察,不断突破项目实施中的瓶颈,形成观念的共识,变推力为愿力,使课程资源发挥最大的功效,使项目的价值不断创生,让课程实施的价值活力不断显现,形成设计价值、关系与行动的超链接系统。教师个体与幼儿园组织群体因资源的优化而不断创生新的项目实施成果。

三、效果与反思

（一）创新价值

1. 价值突破:从学前领域缺失到学段边界延展

丰富了幼儿园田野探究活动的实践研究成果,即在现有的研究成果基础上补充了幼儿园领域的研究成果,延伸了田野探究课程在学前教育领域的实践运用。

2. 内涵重构:从关注教育目标到聚焦结构融合

分析了田野探究活动结构:以主体身份探寻探究活动的育人路径,以落地策略开展可行性的操作,以系统思维建构提升幼儿学习素养为主的"全经验"课程。

3. 素养链接:从看到表象学习到为终身学习奠基

通过启发性的问题、持续性的挑战,将天真的思维发展成在可能范围内的更为复杂的思维,使之永远保持深入、持续的探究精神。

（二）未来展望

教师的视角:亟须提高教师的内生性专业成长。在田野探究的活动设计与实践过程中,更需要团队组织、团队备课、团队教学等能力。因此,需要教师内生性专业成长的内在逻辑法则:认同、养成、生发、关注各种内生因素的联动和互动,促使教师团队都能拥有丰富的专业经验和灵活性,以保障能够应对幼儿在田野探究过程中遇到的未预料到或不熟悉的问题。这就对教师的团队合作和专业性提出了更高的要求。

成果的视角:成果的深化、转化和创生。从项目个性化表达表现的成果资产化角度而言,需要坚持价值最大化理念,以"项目孵化"的形式,借助项目研究者对项目和成果的熟悉度,会同更多的成员参与项目的孵化,推动成果转化。对在研究中所产生的具有实用价值的成果,可通过各项目组的自转化形式,对个性化的成果进行二次或多次的开发、应用、转化,使之呈现系统化和工程化。

第三节　幼儿田野探究课程的问题与解决方法

一、拟解决的主要问题

(一) 找准儿童权利的价值理念

我们需要找准儿童权利这一价值理念并贯穿于幼儿田野探究课程实施的始终。在实践活动中,教师逐步对儿童权利的理解具体化,优化教育活动的途径,即不断发现问题并探索解决问题的方法,用基于证据的实践研究进行课程开发。在这一过程中,教师团队获知幼儿真实的需求,在园长领导下,将此经验融入田野探究课程的建设中,实现田野探究课程的良性循环,最终形成核心的课程结构和评价体系。

(二) 实践"自然触碰"的课程理念

以"自然触碰"的理念实施田野探究课程。触碰包含着因为好奇而产生的主动,包含着反复的、持续的探寻。幼儿在自然的田野生态环境中经常去接触他们身边的植物、动物,在自然的、常态化的观察中了解它们的生长习性以及物种之间的关系,以此增强幼儿对自然的敬畏和珍惜之情,并能充分满足幼儿对自然界的好奇,让他们用自己的方式去了解自然、探索自然、发现自然。

(三) 实现课程管理体制的转型

以课程管理职能的重新定位为基础,将传统的课程管理变为民主的和班本化的分级课程管理,以推进分级课程管理体制的落实,改革课程管理手段,真正实现特色课程管理体制的转型。

二、解决问题的过程与方法

(一) 路径与过程

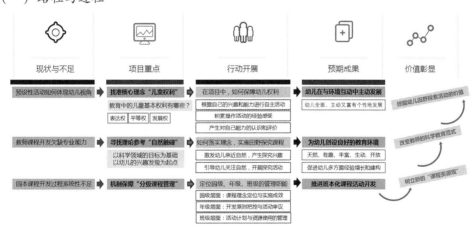

图 6-1　研究路径

围绕田野中的探究活动,鉴于师幼角色的变化引发的实施流程变化,相关的路径和流程如下:关于田野探究中幼儿问题的产生→预设探究活动网络图→对幼儿提出的问题进行初步的梳理和归纳→以小组合作为主的探究活动→个性化、多元化地表达探究结果。

(二) 策略与方法

1. 问题导向——从要解决的三个问题入手,分析问题的核心,找到问题解决的突破点

问题1:活动中的儿童基本权利有哪些? 预设性活动如何体现儿童视角?

解决问题的关键词:理念具象化

确立幼儿教育哲学,明确幼儿教育的愿景,用教育哲学映照幼儿田野探究课程的实践,并将田野课程的价值理念和课程理念具象化。由此,在项目实施过程中,确立儿童权利的价值理念。

(1) 儿童权利的内涵与相关理论研究

① 平等权:幼儿在教育中应当受到平等对待。充分考虑幼儿个体的特殊性以及需求的差异性,幼儿受教育愿望的满足程度及其可能性上的平等。

② 表达权:幼儿积极参与班级公共生活的必要条件。在田野探究活动中,幼儿之间不仅有着共同的目标,共同体的内部成员间还存在着友爱和合作关系。

③ 发展权:在教育之中享有某种思想以及行动的自由权,通过自由的思想与行动,在教师的引导和帮助之下,实现自身身体、心理的发展。

(2) 以探究课程为载体落实"尊重幼儿权利"理念的研究

① 尊重平等权:在探究活动中处理幼幼关系时给予同等的关怀,且以平等态度处理师幼关系。

② 尊重表达权:建立符合幼儿年龄特点的活动规则;在交流分享中帮助幼儿反思、构建自己在探究中所获得的各种经验。

③ 尊重发展权:幼儿在探究活动中享有自由探索和发展个性的权利。

问题2:如何改变教师课程开发时欠缺专业性能力的现状? 作为园领导,如何落实理念,改变固有的课程管理模式,实施田野探究课程?

解决问题的关键词:基于教师的立场

关于教师立场的支持,我们的主张是:站在教师的立场,发现教师、引领教师。在观察教师、了解教师发展水平和实际需求的基础上,分析教师的能力,积极和教师对话,支持教师用自己方式进行有效的课程实施,真正实现有价值的课程领导力。为此,主要从"三个还给教师"去认识和实践田野探究课程中的教师立场。

一是把选择权还给教师。

选择搭班教师:学期初,根据教师的意愿,园部在安排班级之前首先给教师们一项权利:选择与自己志趣相投的搭班教师,这个搭班教师的选择要为日后该班形成田野探究班本化特色课程而准备。在这样的原则引导下,教师们根据自己的意愿找到与自己有相同特色、相

同志向的搭班教师,心满意足之余更多的是承担了对班级田野探究特色课程开发的责任。

选择一日作息:在遵从园部一日作息安排表的基础上,教师们在田野探究课程实施过程中有一项权利,即在课程实施的推进过程中,可根据幼儿对活动的需求预约专用活动室。在没有与其他班级冲突的情况下,打破当日的一日作息安排表,在没有时间和空间的限制下进行田野活动的持续探究。

选择班本化特色:两位志趣相投的教师根据自身特色和幼儿发展需求,在进行田野探究课程实施的基础上选择各自的班级特色,制订班本化特色活动方案,即田野探究课程中的一班一方案、一班一特色。

二是把表达权还给教师。

在课程的实施过程中,表达权是教师课程领导力的重要体现。"每一位教师都有话语权,把话语权还给教师"是我园田野探究课程实施过程中的重要抓手,这也是基于教师立场的教育支持的有效途径。除了即时的研讨、表述之外,针对田野探究课程实施过程中的问题进行定期的研讨。在此过程中,我们以五步法开展活动:1.给教师提供一个真实的经验情境;2.在这个情境中有一个真实的问题作为教师思考的"刺激物";3.教师事先收集资料,进行必要的准备,来应对这个问题;4.教师设想回答问题的方案;5.教师面对不同聆听对象进行表达。

作为园长,要确保每两周至少有一次机会和教师进行一对一的互动和话语解读。在此过程中,园长做得最多的一件事情是聆听教师在实施田野探究课程中的最真实的表达、最真实的问题、对计划的改进和不断调整动态过程的表达。

三是把发展权还给教师。

研究证明,"同质化"管理对不同能力教师的专业水平有明显的促进作用。近年来,我园除了组建"教师专业契约发展小组",有效落实教师的课程领导力之外,还以"同质化"管理的形式将教师团队按照年龄、性别、教学经验等因素分为四个团队:新教师团队、男教师团队、经验教师团队和骨干教师团队。四个团队分别有各自的专业发展目标和任务,通过"同质化"管理模式的推进,让教师真正拥有各自的自主发展权。

如"既成"与"未来"的新教师团队的发展,园部创设一切机会让他们打破对诸多关系的依赖,激活自身的内在动力,进行"七个一"的自主磨砺,即每天听一堂名师课、评一堂名师课,每周唱一首歌曲、编一个舞蹈、画一幅画,每月围绕课程领导力实施过程中的重点难点设计一个专题研究方案,每学期进行一次自主发展规划达成成果交流。新教师在特有的发展平台上找到了职业自信和对未来的憧憬,其专业能力提升迅速。

问题3:如何体现田野课程的系统性? 分级课程管理中,如何确保园级、年级、班级管理的有效性?

解决问题的关键词一:内容整合化

田野探究活动的开发与实施遵循联结性的原则,体现多维联结与互动。按照"三条线索",结合"三大领域",基于"孩子的36件童年小事"全经验活动课程安排活动内容。

解决问题的关键词二：职能民主化

授权赋能——发挥教师团队作用，把活动流程等转化成具体的要求，以推进班本化课程活动开发，并以基于实证的幼儿园课程实施管理机制，提升课程领导力。

园级层面：课程理念定位与实施成效等。

年级层面：开发原则把控与活动审议等。

班级层面：活动计划与资源使用的管理等。

2. 价值引领——以"自然触碰"的理念引领教师对田野探究课程的教育价值进行辨析

以"自然触碰"的理念实施田野探究课程。在课程理念的形成过程中，我们充分注重课程决策的民主性、课程建设的开放性。通过与课程实施者不断地上下互动，最终将课程理念确定为"自然触碰"，大家感觉这样更能体现基于证据凝练的课程目标。

同时，我们邀请课程专家对课程理念和课程目标进行剖析。专家的指导一针见血："自然触碰"是一种状态、一种载体，它还需要回答"培养怎样的人"等问题。

于是，我们的科技教育研究任务出现在大家的视线里：为了孩子的一百种惊奇和探索。

这项科技教育的任务是我们从 1997 年开始幼儿科技教育研究至今的二十多年来大家所明确的一个任务。无论是科技环境的创设也好，培养有科技素养的师资队伍也好，其目的就是培养好奇、好问、好探究的幼儿。因此，大家认为将"为了孩子的一百种惊奇和探索"作为课程理念再合适不过了。

于是，"自然触碰，为了孩子的一百种惊奇和探索"成为课程实施者一致认可的田野探究课程理念。

之后，我们邀请市、区教研室的课程专家对田野探究课程理念和目标进行剖析。专家的问题是：作为一个课程愿景，是不是也需要联结教师的积极体验和内在驱动力？我们的答案自然是肯定的，于是，"孩子"两字去掉，"自然触碰，为了一百种惊奇和探索"正式成为田野探究课程的理念。这个课程理念体现的是"以幼儿发展为本"，蕴含的是"教师共成长"，这是一种价值观，更是活动的基本方法和共识。

3. 资源优化——从预设视角转向资源视角，充分挖掘园内外自然资源的教育功能

在田野探究课程的实施过程中，我们充分挖掘和利用园内外的课程资源，一是对园外田野资源的开发。几年来，我们一共开发了金山区域内适合幼儿田野探究活动的资源 132 个，其中有海滨资源 17 个（包括金山嘴渔村、城市沙滩等）；古镇资源 26 个（包括阮巷古镇、枫泾古镇、五龙庙古银杏与古紫藤等）；田野资源 77 个（包括漕泾特色农业观赏园、漕泾休闲水庄、花开海上生态园、枫叶岛等）；工业区资源 12 个（包括金山石化厂史馆、金山工业区、上海化工区等）。这些资源的开发，为"孩子的 36 件童年小事"的实施提供了资源保障。

二是充分利用园内自然场景。我们曾仔细规划了"五角"：种植角、劳作角、艺术角、探秘角、越野角。从以上五个角的命名可见当初的价值判断，我们期望每一个区域都承担起儿童某一领域的发展，并曾为这样的场域创设而自豪。然而，我们最终还是发现，在有明确领域

指向的区域中,教师以促进孩子达成目标为己任,牢牢地将孩子纳入预定轨道中,而孩子时不时会游离教师指向的活动。因此,我们在思考:这样的设计符合我们的课程观吗? 这样的设置基于儿童立场了吗?

如今,幼儿园呈现的是原生态的资源内容:为孩子提供"五园""四桥""三地""两树"的活动空间。五园:让我们的孩子有了更多地与植物、动物触碰的机会;四桥:有铁索桥、木头桥、石头桥和玻璃桥,不同的桥面给孩子以不同的体验;三地:给孩子提供原生态的场地资源;两树:我园的百年松树和梧桐树。这些资源内容,大大降低了对所有区域的预设目标,不刻意设计活动,而是让孩子做主,实现从"我想教你怎么玩"到"我想看你怎么玩"的转变。我们看到了孩子自主驾驭区域空间与材料的过程,感受着太多的自发生成的探索过程和极具个性的惊奇发现。

同时,我们还打造了"问题长廊"。它连接着幼儿园的七幢房子,连接着幼儿园从东到西、由南到北的场地,是孩子早上来园、中午散步、晚上离园的必经之路。长廊中的柱子记录着每个班级的孩子们近期正在探究的内容或是他们的发现,比如关于小蚂蚁的话题:蚂蚁从很高的地方摔下来会死吗? 为什么蚯蚓有再生能力而蚂蚁没有? 为什么说蚂蚁是好斗的"战士"? ……孩子们用自己的表征记录着他们的问题,也引发其他班级孩子一起来关注这些话题。站在长廊的一端,满眼呈现的是孩子对大自然的好奇。这见证了孩子主动探寻的行为。

在见证幼儿持续不断与环境、资源互动的过程中,我们从强调领域目标、关注"认知—拼接""认知—探索""认知—制作"活动形式的"孩子的一百种惊奇和探索",到以身边资源为活动内容,自上而下架构"泥土芬芳""昆虫日记""农忙时节"等主题内容的"玩转田野",再到儿童立场的"孩子的36件童年小事"的资源开发,教师的意识与行动发生着悄然变化。

4. 模式细化——不断完善田野探究课程活动模式,把零星、有效的经验与做法不断梳理固化,形成以有效活动载体为支持的田野实践活动模式

我园基于真实场景(即自然资源)探究,建立了田野探究活动模式,即建构基于田野探究哲学而组织化了的课程整体,并将园本课程与之有机地结合成一个联系紧密的、有逻辑的"育人整体"。我园的田野探究模式包括"四、五、七"活动实践支架和"四个一"活动实施模式。

第四节　幼儿田野探究课程实施的典型案例

【案例一】小事:吹一次海风

一、小事简介

"吹一次海风"小事来源于小班"夏天真热啊"主题。本小事活动时间建议为四周。活

动涵盖科学、社会、语言、艺术领域,其主要活动目标为:1.愿意亲近大海,发现大海的广阔与富饶;2.感受大海带来的快乐,萌发爱大海的情感。其主要经验点为:1.我国有很多地方能够吹到海风,城市沙滩是金山人民最适合感受大海的地方;2.大海资源丰富,带给人们多样的体验与感受,可吸引全国各地的赶海人与食客前来。

二、小事方案

"吹一次海风"活动方案(设计者:施怡)

适合年龄段:3 至 4 岁

基本流程	驱动性问题	活动目标	所需资源	支持性策略	探究经验点	成果个性化表达
能吹到海风的地方	去哪里吹海风	1. 通过各种方式寻找适合吹海风的地方,愿意亲近大海 2. 运用多种感官感受海风的特征,愿意说一说	1. 有关大海的照片、视频 2. 金山嘴渔村、城市沙滩、鹦鹉洲等可供体验的场所	1. 收集有关大海的照片及视频 2. 互动谈话,讨论哪些地方能吹到海风 3. 亲子活动或小组式活动:去不同场所感受大海,用照片、视频、录音等方式记录感受 4. 创编看海童谣,与幼儿一起念一念	我国有很多地方都能吹到海风,如:三亚、青岛、珠海等,但离我们最近的地方是金山嘴渔村,最合适游玩与感受的地方是城市沙滩	1. 幼儿看海的语音日记 2. 童谣视频
和好朋友一起吹海风	1. 海水为什么是黄黄的 2. 大海里面有什么 3. 海边有这么多人,他们在干什么	1. 在看看、说说、玩玩中体验赶海的乐趣 2. 简单了解海产品,感受大海资源丰富 3. 对海边的人的生活感兴趣,乐意表达关心	1. 有关赶海的绘本故事,如《我和爸爸一起去海边》《神秘的海洋》等 2. 有赶海经历的人 3. "大海里的秘密"亲子调查表 4. 可以踏浪、赶海、玩沙、玩水的安全区域以及工具 5. 各种海产品 6. 海边的人 7. 班级环境:渔村 8. "防晒小神器"制作材料	1. 采访赶海人,科普幼儿赶海经验 2. 以照片、录音或画画等形式完成"大海里的秘密"亲子大调查,自制有声故事绘本 3. 亲子活动:踩水、踏浪、捡贝壳、找螃蟹等赶海活动 4. 海鲜美食制作与品尝 5. 采访海边的人,了解海边人的生活 6. 创设渔村的情境,进行服饰装扮、晒鱼干等活动,体验海边人的生活 7. 制作"防晒小神器"	1. 杭州湾的海水是黄的,里面有许多泥沙 2. 杭州湾有丰富的海产品,如凤尾鱼、白蛤、蛏子等,味道鲜美,吸引着全国各地的赶海人与食客前来	1. 赶海视频集 2. "大海里的秘密"有声故事绘本 3. 海鲜美食制作与分享视频集 4. 海边的人生活展示墙 5. 体验海边人生活的影像集 6. "防晒小神器"发布会

（续表）

基本流程	驱动性问题	活动目标	所需资源	支持性策略	探究经验点	成果个性化表达
把海风带回来	这些贝壳有什么用	在说说、玩玩中感受大海里宝贝的数量之多,体验大海带来的快乐	1. 大海里以及大海周围的各种东西 2. 陈列柜 3. 海洋生物养殖自然角 4. 城市沙滩情景	1. 收集关于大海的宝贝 2. 创设"海洋博物展览馆",将从大海里带回的沙子、贝壳、石头等陈列其中 3. 将寻到的宝贝制作成"大海生态瓶",开展微型生态展 4. 创设自然角,养一养海边带回的小动物,如小螃蟹、蛏子等 5. 创设城市沙滩情境,在班级也能探索沙水	大海里的宝贝是数不胜数的,给我们带来快乐	1. "海洋博物展览馆"照片集 2. "大海生态瓶"微型展 3. 自然角养殖以及探索沙水的影像集

三、小事实施

活动方案

● 集体学习活动 ●

方案一:海洋动物游回家

活动思路:

随着主题的推进,幼儿对海里的小动物愈发好奇,常常会去图书角阅读关于海底世界的绘本。教师以此为契机,选取幼儿感兴趣的海洋动物,通过数数的游戏积累有关海洋动物的经验,通过帮助动物游回家的情境设置,培养幼儿喜欢帮助他人的情感。

活动目标:

1. 能区分海洋动物,并手口一致地点物数数。

2. 体验帮助海洋动物游回家的快乐。

活动准备:

大海和草地的场景、动物的图片若干。

活动过程:

1. 观察动物

(1) 模仿动物的特征,让幼儿猜一猜是什么动物来了。(出示各种动物的图片)

(2) 数一数,一共有几个小动物?(一边指一边数)

小结:今天有乌龟、章鱼、螃蟹、鲨鱼……这么多动物来跟我们做朋友。

(价值分析:通过观察图片等,帮助幼儿回忆动物的不同特征。)

2. 操作探索

提问:看一看、找一找,哪些动物的家是在海里的?

小结:原来小动物的家都在不一样的地方,有的小动物生活在陆地上,而有的小动物生活在海里。

提问:我们应该帮助哪些海里的动物游回家呢?

引导幼儿用"帮助几只××游回了家"的句式说一说。

(价值分析:通过看一看、找一找,积累有关海里游的动物的经验,在游戏的过程中培养幼儿喜欢帮助他人的情感。)

3. 延伸活动

与海里的动物朋友一起游回家。

方案二:小鱼笑了

社会、语言	★★★
科学、健康	★★
艺术	★

活动思路:

幼儿喜欢在城市沙滩玩耍,对大海有一定的认识和了解。然而,生活中的一些不文明行为正在影响大海的环境。基于此,本活动以小鱼来信诉说大海受到污染,帮助幼儿了解乱扔垃圾对大海环境的影响,引导幼儿通过多种方式帮助小鱼净化家园,以"由哭泣变微笑"的情绪变化为主线,激发幼儿保护大海的责任感,萌发保护大海的意识。

活动目标:

1. 了解小鱼"由哭泣变微笑"的情绪变化过程,知道乱扔垃圾对大海环境的危害,净化海洋对海洋生物的帮助。

2. 大胆说出自己的想法,帮助小鱼净化家园,体验帮助他人的乐趣。

活动准备:

经验准备:活动前家长带幼儿去海边游览,了解海边的环境状况。

物质准备:PPT、贴满垃圾图片的大海背景操作材料。

活动过程:

1. 小鱼来信了

小鱼送来了一封信,引发讨论。

提问:小鱼怎么了?

小结:原来有人随便往大海里乱扔垃圾、排废水,小鱼的家人都生病了。

(价值分析:通过信的内容及相应情景的照片,呈现小鱼目前的处境,引导幼儿理解与感受小鱼的情绪,从而知道乱扔垃圾对大海环境的危害。)

2. 一起帮小鱼

(1) 读小鱼来信第二部分

提问:大海变成什么样了? 小鱼会喜欢这样的大海吗?

小结:大海是小鱼的家,现在到处都是垃圾,又脏又臭。小鱼难过极了。

(2) 读小鱼来信第三部分

提问:你们想不想帮助小鱼呢?

小结:爱护环境,保护大海。每个人都这样做时,我们的家园才会变得干净又美丽。

(3) 游戏:帮帮小鱼的忙

提问:现在小鱼是什么表情呢?

小结:海水变清了。小鱼家人的病都好了。小鱼可真开心。

(价值分析:通过读来信,引导幼儿了解小鱼的需要,知道别人有困难时应当主动关心并给予帮助。在活动中鼓励幼儿提出自己的想法并萌发帮助小鱼的意愿。)

3. 小鱼笑了

读小鱼来信第四部分,讨论保护大海环境的办法。

小结:你们都说得很对,大海是小鱼的家园,小鱼是我们的朋友,我们要好好地保护大海,保护小鱼。

(价值分析:通过读小鱼的感谢信,帮助幼儿树立从自己做起、爱护大海的意识。)

4. 延伸活动

亲子制作"保护大海"提示标志。

• 个别化学习活动 •

方案一:大海里的秘密

材料:自制绘本、录音笔、炫彩棒、记号笔等。

玩法:

玩法一:幼儿按照自己的兴趣选择图片,帮助海里的生物找到自己的影子。

玩法二:用录音笔点一点、听一听海里的秘密。

玩法三:画一画、录一录自己知道的海里的秘密,自制独一无二的绘本。

观察重点：

1. 观察幼儿根据生物的外形进行配对的情况。

2. 观察幼儿对活动的兴趣如何，是否愿意点一点、听一听、说一说、录一录。

提示：

1. 根据生物的外形进行配对。

2. 录音笔不使用时及时关闭。

方案二：好玩的沙子

材料：彩沙、胶水、铅画纸、瓶子、托盘。

玩法：

玩法一：用瓶子装一些彩沙，摇一摇，听听声音，观察颜色的变化。

玩法二：在托盘中倒入彩沙，轻轻晃动，画出一些痕迹，晃动托盘，痕迹消失。

玩法三：在铅画纸上涂上胶水，撒上沙子。在拿起纸且沙子粘在纸上掉不下来时，创作一幅沙画。

观察重点：

1. 观察幼儿玩沙的兴趣。

2. 观察幼儿如何尝试用沙子作画。

提示：

玩沙时注意安全，切勿弄进眼耳口鼻。

四、小事分享

海滩边的故事

海洋、沙滩是大自然赐予孩子的礼物，喜欢玩沙玩水是每个孩子的天性，他们会反复地抓起一把把细沙，感受沙粒在指缝间溜走的感觉；会无数次地脚踩一波波海浪，感受海水拍打脚面的凉爽；还会在沙堆里挖水渠、堆高山、埋宝藏……

在小班孩子的眼里，飞舞的沙子就是雨滴、雪花。当细细的沙子从指缝间溜走，孩子们兴奋地大喊："下雪啦！"在小班孩子眼里，翻滚的海浪如大鲨鱼般。当它从远处涌向岸边，孩子们奔跑着呼喊："大鲨鱼来啦！"他们尽情地与沙水互动，海滩俨然成为儿童尽情游戏的宝藏场所，并悄悄带着他们探索与成长。

描述与分析

阶段一：海滩初体验

上午，海洋第一小分队的宝贝和家长们相约在金山城市沙滩集合。孩子们如放飞的海鸟般冲向海边。你拿起铲子，将沙子挖进小桶里，我拿起小瓢，将水舀进小盆里。小晗带了满满一车的玩沙工具。她拿了一把铲子和两个漏斗，用铲子将沙装入漏斗，填满后喊道："这是生日蛋糕!"随后找了些小石片铺在上面当装饰:"好啦!"随后她又换了一辆小车,将沙装入小车内,填满后她又跑到工具车里拿了一个大沙漏,将小车里的沙子用铲子挖进沙漏里,看着沙子从漏斗里滑落,她们乐此不疲。在二十几分钟的游戏中,小晗变换三种不同的材料去装沙——漏斗、小车、沙漏,玩得不亦乐乎。

图6-2 "生日蛋糕"

图6-3 玩沙

沙滩上大部分幼儿都是在挖坑、装沙子、倒沙子。他们很专注,完全沉浸在自己的游戏中。这是为什么呢? 当我也参与其中,真正用双手触摸感受沙子柔软的触感,看到它不断变化的形状……突然意识到沙土带给幼儿的不仅是快乐,还有想象、创造和智慧。幼儿在抓、捏、握、装、倒沙的过程中,体会到沙的流动特质,感受到沙的柔软润滑……这些感官的刺激对幼儿来说妙不可言。

后续推进:充分尊重小班幼儿的年龄特点,放手让幼儿大胆游戏,以观察者的身份给予幼儿游戏的空间与时间,让他们成为游戏的主人,获得发展。当给幼儿足够的时间和空间感受沙与水的特性,他们定会与沙水发生不一样的互动。

阶段二:拯救小鱼行动

小晗正挖着沙子,突然发现沙滩上一条跳动的小金鱼。她大喊起来:"这里有一条小鱼,快来看呀!"孩子们纷纷跑了过来,围在小鱼的周围。

小萱问道:"这条小鱼怎么在这里,不在水里,它会干死的。"

阿哲说:"小鱼好可怜,它会想爸爸妈妈的。"

"哎呀,怎么办呀? 小鱼找不到妈妈了。"孩子们纷纷发出不知所措的感叹。

"我们可以怎么帮小鱼呢?"我问道。

毛毛说:"我们可以帮小鱼找妈妈。"

"那它的妈妈在哪里呢?"小萱问。

"肯定在大海里。"阿哲指着背后的海说道。

"不是的,我家也有小金鱼,不能养在海水里,会死掉的。"毛毛的话又让孩子们陷入了沉思。

小萱妈妈的一瓶矿泉水让孩子们瞬间有了灵感:"把小鱼先放进瓶子里就没事了呀。"小

129

萱轻轻捡起金鱼,试着装进瓶子里。可瓶口实在太小,金鱼装不进。

　　"给小金鱼造个家吧。"毛毛说着便用铲子铲起沙子,妈妈们则心领神会地领着孩子们去水龙头上接水。萱萱将接的一盆水倒入沙坑中,可水一下子就被沙子吸走了。毛毛喊道:"快加水,快加水,水被吸走了!"她一边用手不停地抓沙,一边催促着,任由沙子洒落头上身上却咯咯大笑。其他孩子则奔跑着接水,任由水珠打湿衣服,还是乐此不疲。终于金鱼在孩子们造的小水塘里游了起来……

图 6-4　挖沙坑

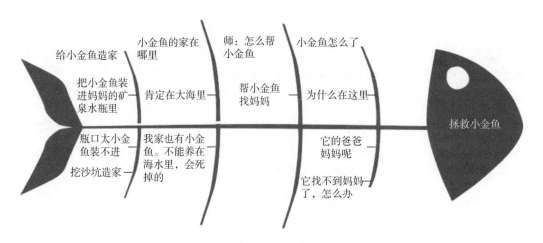

图 6-5　关于拯救小鱼行动的讨论

　　幼儿的游戏有着不可忽视的价值。考虑到小班孩子的年龄特点,当他们沉浸在"小鱼好可怜""小鱼找不到妈妈了"等话语时,教师捕捉到了推进游戏的重要契机,衍生出了"我们可以怎么帮小鱼呢"的问题。适时的提问激发了幼儿想要保护小鱼的美好愿望。在帮助小鱼的问题情境中,幼儿的游戏想象再次被激活。在这个过程中,幼儿真实地感受沙水的特性,体验同伴之间合作交流所带来的快乐。在水与沙的不断交错碰撞中,幼儿的童真之心得到莫大的满足。

用眼睛去看,用耳朵去听,用手去触摸,用脚去奔跑,用心去感受,一切皆是最好的。

后续推进:教师会静静地观察与等待,先给足时间让幼儿讨论与思考。但若幼儿无法继续时,就需要适时介入,通过提问旁敲侧击,引导幼儿通过思考发现解决的办法。

五、案例启示

(一) 亲身实践,充分利用环境资源

再多的讲解提示都不如幼儿的一次亲身实践。因此,活动遵循"幼儿探究在前,教师支持在后"的原则,把幼儿带到金山城市沙滩的真实场景中,通过直接感受、实际操作、亲身体验的方式引发幼儿探究的兴趣,引导幼儿从感受、表达出发,在实践中进行经验的提升与扩充,激发幼儿对沙水持续探究的兴趣。

(二) 适时设疑,助推幼儿自主解决问题的能力

《3—6岁儿童学习与发展指南》中指出:教师在必要时应当通过提问等方式引导幼儿思考。在活动中,教师充分尊重幼儿,静静地观察与等待。当幼儿陷入困境时,教师的一个提问能够帮助他们打开思路,从而获得更多的灵感与体验。在这个过程中,幼儿进行了讨论,学会了思考,提升了解决问题的能力。

沙滩上蕴含着无数的游戏契机。水的流动性、沙子的可塑性,都让幼儿为之着迷。教师应敏锐地捕捉幼儿的游戏兴趣,并尊重幼儿的探究兴趣,去促进游戏和探究行为的发生,并激发幼儿的自主探究意识,让幼儿体验游戏和探究的乐趣,成就快乐而有意义的童年。当我们主动把游戏的权利还给幼儿,提供真实的游戏场景和材料,幼儿才会不断产生"真游戏",不断释放"玩"的天性,不断呈现"真儿童"的样态。在海滩探索之旅中,我们一直在前行。幼儿和海滩的故事还在继续。

【案例二】 小事:去一次野营

一、小事简介

"去一次野营"小事来源于中班"春天来了"主题。小事的活动时间建议在4月份。活动涵盖社会、健康、科学、语言领域。小事的主要目标为:1.与自然亲密接触,感受自然美景,体验自然的野趣,满足对自然的向往;2.了解野营的简单攻略,发现去一次野营并不易,学会为自己出行做规划;3.野营令人身心愉悦,但要懂得保护好自然环境。其主要经验点为:1.需要合适的营地,如有树荫、有水源、地面平坦等;2.需要带上合适的户外装备:帐篷、户外桌椅、野营灯及生活用品等;3.需要有环保意识。

二、小事方案

"去一次野营"活动方案（设计者：柴素静）

适合年龄段：4 至 5 岁

基本流程	驱动性问题	活动目标	所需资源	支持性策略	探究经验点	成果个性化表达
挑选营地	1. 什么是野营 2. 怎样的地方适合做营地	1. 收集野营相关的信息，初步了解野营特点及其作用，喜欢野营 2. 探索野营需要的条件，挑选合适的营地	1. 有关野营的视频 2. 幼儿园附近有自然资源的场地 3. 记录纸 4. 用于拍摄的电子产品	1. 向家人、老师等了解野营是什么，通过观看野营视频，直观了解野营的特点 2. 去园外挑选适宜野营的营地 3. 开讨论会，讨论、辨别、判断最适宜的营地	1. 野营是在野外露营的一种休闲活动 2. 野营需要选择背光、有树荫、有水源、地面平坦的地方	1. 幼儿调查所收集的与野营有关的视频和记录册 2. 幼儿挑选营地感受的视频和记录册 3. 野营场地的照片及幼儿对场地的评价
走，去野营	1. 去野营需要带什么 2. 野营可以玩什么	1. 通过简单的调查，收集去野营的相关信息，尝试制订简单的计划 2. 在讨论、思辨中筛选去野营需要带的物品和适宜的活动	1. "去野营带什么"的调查表 2. 野营计划表 3. 野营地图 4. 野营经历记录	1. 制订采访提纲，如采访周围人是否有野营经历，野营需要带些什么，玩些什么等问题（具体由幼儿按自己好奇点或兴趣点定） 2. 小组合作制订去野营的计划，并画野营地图 3. 去实地野营，体验野趣	1. 去野营需要带上轻便、合适的装备 2. 野营前需要设计休闲游戏内容，为野营增添野趣	1. 去野营的计划表册 2. 野营地图册 3. 野营故事集
零废弃野营	1. 什么是零废弃 2. 怎样做到零废弃野营	1. 了解文明野营的重要性，乐意主动保护自然环境 2. 理解零废弃的概念，制订和遵守零废弃野营的规则	1. 展现野营文明行为的视频 2. 野营过程中产生垃圾的图片 3. 记录纸	1. 观看野营的文明视频，说说他们为什么这样做 2. 根据垃圾图片，判断合理的做法 3. 小组合作制订零废弃野营的规则，并设计宣传海报	1. 对自然尊重和敬畏 2. 野营不浪费食物，剩下的垃圾分类带走 3. 减少物品的包装	1. 零废弃野营规则 2. 零废弃野营的宣传海报

三、小事实施

活动方案

● 集体学习活动 ●

方案一:去野营

> 科学、社会　★ ★ ★
> 健康、语言　★ ★
> 艺术　　　　★

活动思路:

去野营是幼儿向往的活动。但其对去野营要准备些什么不是很清楚。充分的准备工作对顺利野营能起到事半功倍的作用。因此,根据幼儿的需求设计了本活动。

中班幼儿能根据观察结果提出疑问,运用已有经验大胆猜测。因此,在活动设计时,第一个环节引发幼儿回忆向往野营魅力的经历和感受,第二个环节在幼儿讨论和预测野营过程时评价其想法的合理性,第三个环节拓展野营其他准备活动。集体学习活动将幼儿已有经验与新经验做了关联,提升幼儿有依据地预测的能力。

活动目标:

1. 合理猜测去野营需要带的物品,挑选合适的装备。

2. 体验去野营的乐趣,萌发对自然的向往。

活动准备:

1. 经验准备:事先了解过野营这件事。

2. 物质准备:野营视频、野营计划表、各种装备图片。

活动过程:

1. 对野营的感受

关键提问:什么是野营? 你们去过野营吗? 有什么感受? (如果幼儿没有去过野营,可播放野营视频,让幼儿感受。)

小结:野营是到大自然中去露营,会给我们带来不一样的感受,舒服、快乐、幸福……(根据幼儿的回答小结)

(价值分析:通过聊聊感受,了解幼儿对野营的已有经验和兴趣。如幼儿没有相关经验,则通过观看野营视频,表达他们对野营这件事的真实想法和感受。)

2. 去野营的准备

(1) 讨论野营时带什么

关键提问:野营时需要带什么?

① 小组讨论,并分别将需要的物品记录下来。

② 分享交流,并说出为什么选择这些物品。

③ 幼儿评价,对每个小组猜测要带的物品的合理性进行评价。

小结:去野营要带轻便、实用的必需品。

(价值分析:幼儿根据生活经验预测野营时需要带的物品,并通过幼儿互评所带物品的合理性、实用性、必要性,提高幼儿协商、预测、表达和评价等能力。)

(2) 挑选去野营的装备

出示一些装备,关键提问:请你们挑选哪些装备适合野营时候用? 并说出理由。

小结:帐篷、户外推车式桌椅、野餐垫、运动包等能让我们休息、进餐、喝水。这些装备要事先准备。

(价值分析:在常用的装备中挑选合适野营的装备,不仅能丰富幼儿野营经验,也使幼儿发现适合的装备才是最好的。)

3. 活动延伸

关键提问:去野营还需要准备什么?

播放野营者做准备的视频,引导幼儿仔细观察。

小结:去野营需要选择好营地、合理安排好行程……

(价值分析:拓展思考去野营之前的准备,了解做好计划和准备对顺利野营至关重要,同时引发幼儿继续探索去野营的其他准备内容。)

方案二:零废弃野营

活动思路:

视频中有时会看到在野营后人们给自然环境留下了一片狼藉的现象。幼儿对这种现象似乎也不太在意。这说明幼儿行为习惯的养成及环保意识的建立还有待加强。因此设计了本活动。

活动首先让幼儿感受到自然美景及人们的文明行为,让幼儿发现自然给我们生活带来了舒适、美的享受,文明行为让自然保持生态美。其次,联系生活中存在的一些不文明的行为,幼儿在前后对比中发现问题,自觉树立保护自然的意识。最后,幼儿通过自制零废弃野营规则,思考环保野营的一些方法和规则,并通过张贴海报,宣传他们的环保规则。

活动目标:

1. 了解零废弃野营与自然保护之间的关系,理解文明野营的重要性。

2. 大胆表达自己的想法,乐意做文明的野营者。

活动准备:

自然风景的视频、野营的文明行为的视频、野营后杂乱的图片、记录纸等。

活动过程:

1. 感受自然风光

播放自然风景的视频,说说自己的感受。

关键提问:看见了什么? 这么美的地方,如果我们去野营,你有什么想法?

小结:在大自然的美景里野营,会让人觉得特别舒服……(根据幼儿的回答总结)

(价值分析:在欣赏自然风景过程中感受自然美,体验在自然中野营是一种享受,萌生保护自然的情感。)

2. 体验环保野营

(1) 观看文明野营的视频

关键提问:这些人野营时在干什么? 为什么把垃圾收起来? 食物为什么不能浪费? 为什么不用一次性口袋?

小结:文明的行为会让我们野营变得更舒服。

(价值分析:在观察中猜测和评价野营者的文明行为,探索他们行为背后的原因,感知文明野营的必要性。)

(2) 观察野营后杂乱的图片

关键提问:这张图片让我们有什么样的感受? 你觉得他们哪里做得不对?

小结:大自然是我们大家的家园,我们要爱护自然,让它永远美丽。

(价值分析:发现野营中存在不文明现象,并与文明的野营行为相比较,使幼儿萌发爱护自然、爱护环境的情感。)

3. 制订零废弃野营规则

引导语:我们也即将去野营,要遵守什么规则呢?

(1) 幼儿讨论零废弃野营规则

(2) 将规则画下来

小结:野营需要遵守这些规则。同样,在生活中也需要做到这些规则。

(价值分析:通过讨论、自主制订零废弃野营规则,使幼儿不仅提升环保意识,而且形成规则意识及遵守规则的契约精神。)

4. 活动延伸

引导语:我们将零废弃野营规则贴到哪儿呢? 怎样让所有的小朋友都知道呢?

幼儿寻找合适的地方张贴零废弃野营规则。

(价值分析:零废弃野营规则并不是说说而已,而是要付之于行动。幼儿通过张贴规则,达到环保野营的宣传作用。)

● 个别化学习活动 ●

方案一:果子占圈

材料:野营区域拾捡到的果子,画圈用的树枝。

玩法：

1. 游戏前,幼儿自由结伴在地面上画一个圈,确定好起点和终点。

2. 幼儿从相应的起点开始,手握自己捡到的圆形果子,手不离地用大拇指和食指弹射使果子滚动起来,依次滚到圈里(谁先到终点,谁就赢了),并用记分牌和记录本记录结果。

3. 幼儿可自主制订游戏规则。

观察重点：

1. 观察幼儿对游戏的兴趣,自主制订有规则和有创意的玩法。

2. 观察幼儿在游戏过程中的探索行为。

提示：

1. 当幼儿尚未会用弹射的动作时,可以先不画圈,让其朝前弹射,并引导其弹射时手不能离地。幼儿熟练操作后,可开展朝目标物弹射。

2. 弹射时学会避让其他同伴。

方案二：营地写生

材料：野营区域内的花、草、树木等自然物,画板、笔。

玩法：

1. 挑选特征明显的物品,如帐篷、植物的叶子层叠不一、大小不一等。

2. 找准写生对象后,幼儿选择一个角度写生。完成后,可以换角度继续写生。

3. 可以让同伴根据写生画去找找画的是什么。把它找出后,也可以让同伴欣赏和评价。

观察重点：

1. 观察幼儿在写生植物时重叠、遮挡等绘画表现能力如何。观察顺序和观察细节能力如何。

2. 观察幼儿对营地周围哪些事物感兴趣,写生时持续性和专注度如何。

提示：

1. 初期写生,在挑选写生的自然物时,选择轮廓鲜明、线条简单、植物长势不浓密茂盛的自然物。幼儿具备一定写生能力后,逐渐选择长得浓密一点的植物。

2. 在幼儿选择写生的时候,教师应关注幼儿写生的角度。

四、小事分享

小事多磨的野营

春暖花开,气候宜人,真是野营的好时机!"我看到很多人在汇龙湖搭了帐篷。他们在帐篷里喝茶,在帐篷外野餐,还吃烧烤呢,可开心啦!"轩轩的话语引起了同伴们的共鸣。孩子们纷纷说:"我也看到好多人搭了帐篷"……虽然幼儿不知道这叫野营,但是从对话中,我感受到他们对野营这件事很感兴趣。之后,他们通过问询和交流,知道了在野外搭帐篷露营就叫野营。幼儿对野营的热情持续高涨。"去一次野营"成为中(2)班幼儿当下迫切的心愿。

第一"磨"——找一个合适的营地

"去哪里野营?哪个地方合适做营地?"我把问题抛给了孩子们。是啊,这是关键问题,孩子们展开了讨论——在幼儿园里、附近的小树林、漕泾郊野公园,还是石化汇龙湖。

孩子们把能想到的地方都想到了。但质疑声接踵而来:"幼儿园里露营不算野营,野营要到大自然里去;漕泾郊野公园倒是挺好,但是路有点远,走过去太累;石化汇龙湖更远了,我们不会开车,不合适;园外的小树林是不错,但是树林太密,帐篷没地方放。"一连串的疑问听上去很有道理,孩子们不知所措了。

我看到再也不说话的孩子们,故意漫不经心地说:"你们认为都不合适,那有什么办法知道哪里做营地合适呢?"孩子们的话匣子又打开了:"去实地看看,找熟悉漕泾的人问问。"于是孩子们分成了实地考察组和"漕泾通"采访组。实地考察组又分了考察3个不同地点的小组,"漕泾通"采访组也分成3个小组分别采访他们心目中认为的"漕泾通"。

考察组的小伙伴们开始商量考察哪3个地点,最终确定附近的小公园、文广中心和小树林。

图 6-6　小公园　　　　　图 6-7　文广中心　　　　　图 6-8　小树林

采访组则合作讨论出采访对象为警察叔叔、环卫阿姨和爱锻炼的老爷爷老奶奶。

经过实地考察和采访后,孩子们召开了讨论会。他们把自己的经历和所见到的记录在会上展示:小公园有花、有树、有跑道、有小草,但人很多;小树林有许多树(能形成树荫,还可以挡风),有平坦的草地、野花;文广中心地方很大,很平坦,但都是水泥地,虽然有树,但是在路旁。我追问:"那你们觉得哪里合适?"考察组的小朋友们一致认为小树林合适。采访组的小朋友们也展示了他们的调查成果,认为派出所附近的小树林很合适做营地,从幼儿园步行过去200米,又近又安全。两组结论达成了一致,挑选合适的营地第一"磨"告一段落。

图 6-9 考察组找到的营地 　　　　　图 6-10 采访组找到的营地

教师的资源观和儿童观让我学会了等待。当我看到幼儿对野营感兴趣,认为这是多么有趣的一件小事时,心里暗自高兴,但我没有迫不及待地去确定野营的营地来满足幼儿的需要,而是把挑选怎样的营地这一驱动性问题抛给孩子。我则站在孩子的背后做一个观察者,观察他们怎么做,倾听他们怎么想。

当我看到幼儿在相互质疑中缺少问题解决的方向时,又把自己变成掌舵者,用简单的一句话给孩子指引了方向。

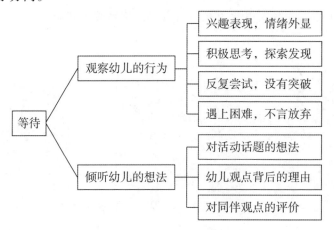

图 6-11 思维导图:教师等待

幼儿在挑选合适营地过程中的表现让我更确定相信孩子。他们将自己的生活经验与挑选合适营地进行关联,如找"漕泾通"了解哪个地方适合野营、实地考察比较哪块场地更适合等。

第二"磨"——帐篷怎么搬到野营地

野营需要带什么？通过集体教学活动,孩子们了解并挑选了适合去野营的装备和物品,并列好了准备去野营的清单。可是帐篷怎么拿到营地去？这让孩子们犯难了。

围绕帐篷怎么搬到营地去的问题,孩子们展开了讨论。有的孩子说:"我们一起用力搬,就能把帐篷搬过去。"有的孩子说:"让老师帮忙搬就可以了。"有的孩子说:"这么多帐篷,让老师怎么帮忙啊。"那就剩下自己搬了。各小组结伴搬帐篷,可是帐篷太大,一起搬的孩子步调又不一致,帐篷时不时掉下来,走到马路上,帐篷还影响到交通,很危险。

孩子们意识到这个办法不是很好。他们退回了幼儿园,再次商量怎么搬。孩子们盯着帐篷想办法。这时毛毛说:"我们把帐篷拆了。我看到帐篷快递过来的时候,零件是拆分的,后来再由老师安装上去的。"毛毛还挺细心,把我之前自己装帐篷情景再现了。其他孩子认为,这是好主意。轩轩则有不同的想法:"我们是小孩,拆了装不了的。"观点也得到了一部分孩子的认可。我故作思索:"那这个问题怎么解决呢?""投票吧。"有孩子提议,于是他们开始对拆帐篷投赞同票和反对票。结果17比11,赞同票多于反对票。孩子们就少数服从多数了。

可是轩轩的质疑也对啊,拆了的帐篷怎么再装起来呢?孩子们想起了办法。"拆的时候记住零件是从哪拆下来的。"有的孩子这么说。"拍照拍下来好,这样不会忘记。"还有孩子也想出了办法。"让涵涵记,他记性最好。"有的孩子把班级里有特殊才能的同伴请了出来。最后,各小组按自己小组决定的方法拆卸帐篷,并合力搬到了野营地进行组装。虽然有的小组没有组装成功,但是他们找到了不成功的原因。

我在过程中不做评判者,而是把决定权交给幼儿。当意见不统一的时候,他们会想办法让同伴认可;当他们有不同方法的时候,我就鼓励他们都去尝试。因为只有给予他们试错的机会,才能让孩子体验到哪种方法更适合、更能解决问题。

图6-12　思维导图:幼儿决定权

虽然他们还是中班的孩子,但在过程中,我看到了他们积极解决问题的态度,与同伴协商合作的意识,以及表达能力、逻辑思维能力和动手操作能力。

第三"磨"——制订零废弃野营规则

大自然这么美,去野营要保护好自然环境成为孩子们的共识。"我们要让小朋友都知道零废弃野营的规则。"在商讨中,孩子们决定制订零废弃野营规则,并将其制作成海报。

"怎样做到零废弃呢?"小组各成员陷入思考。"不乱丢垃圾,把废弃的垃圾收拾好带回来。"这个规则很快成为各小组共性的规则。还有呢?各小组想不出更多的规则。

　　在幼儿制订规则遇到瓶颈时,我决定介入。"怎么样可以让废弃物少一些呢?"这一问题主要引导孩子从不产生垃圾的根源上去思考,并激活了孩子们的思维。有的孩子说:"做好计划,带适量的食物去,不浪费。"有的孩子说:"带的物品和食物的包装要少一些。"还有的孩子说:"用保鲜盒装食物,可以重复使用。"这个话题打开了其他孩子的思路:"物品用整理箱装,既牢固又能重复使用,野营好后带回来。""不要用一次性杯子、一次性桌布、一次性袋子,因为用好后会扔掉,又多了很多垃圾。"我肯定了孩子们的想法,鼓励他们把规则画下来。

　　最后,幼儿制订的规则为:合理安排野营计划,带适量的食物和物品;使用能反复使用的物品,不用一次性的物品;物品和食品的包装要少一些;野营中的垃圾分类放好带回去;野营好后把场地恢复原样。

图6-13　垃圾放马甲袋里　　图6-14　垃圾干湿分类　　图6-15　多用途的整理箱

　　适时、适当的介入引发了幼儿继续探究的兴趣。幼儿在制订零废弃野营规则的时候无法与生活经验相连接。我作为穿线者,帮助幼儿在两者间建立了连接。幼儿顺着连接拓宽了思路,并举一反三,想到了更多的规则。

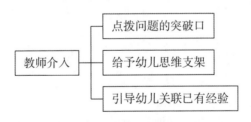

图6-16　思维导图:教师介入作用

五、案例启示

(一) 真实经历决定幼儿学习态度

"去一次野营"是一件小事。幼儿在真实的情境中主动学习,经历了真实的过程。

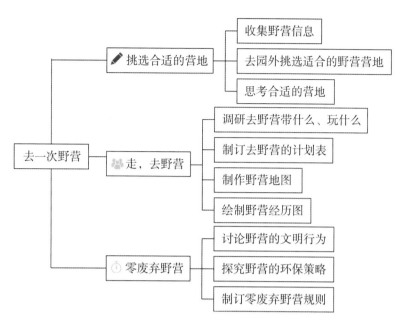

图 6-17　思维导图:幼儿经历小事的过程

或许,幼儿在家长的带领下,也会有野营的机会。但是,"去一次野营"是幼儿自己的活动,自主权赋予了他们积极思考、探究、协商、决定、解决问题的机会,他们在活动中显得更主动、更积极。

(二)　问题导向驱动幼儿探究深度

幼儿在"什么是野营""哪个地方适合野营""野营带什么? 玩什么""怎样零废弃野营"等一个一个层出不穷的问题中大胆探寻解决问题的方法,并积极尝试。他们用调查采访、实地验证、步数测量、观察比较、实验等方法持续探究,直至他们认为已解决了问题,显现了探究的深度。

(三)　实地体验触发幼儿内生力生长

在"去一次野营"过程中,幼儿实地体验,自我决策并积极思考。他们与同伴协商合作、乐意讨论,在表达自己想法的时候也愿意听别人的想法,接纳别人的意见。这些学习品质是孩子在活动中自然而然流露出来的,而且孩子之间会相互影响、相互促进。

(四)　幼儿成长铸就教师专业发展

教师在幼儿"去一次野营"小事的经历中同样获得成长,资源观、儿童观和课程观得到转变,不再急吼吼地帮孩子解决矛盾;不再武断地做一个决策者,唯我独尊,决定所有计划;更不再盲目地做一个评判者,说一声谁对谁错……

"去一次野营"是一件小事,也是我们的课程。小事中的每一个活动、每一个问题、每一种解决问题的方法都会是孩子们学习的契机,是积累各领域经验的成长平台;小事中教师的每一个支持策略折射着教师对幼儿发展优先理念的理解。同时,教师在过程中增长了观察意识,提高了观察能力、解读能力、支持能力以及师幼互动的能力等。

【案例三】小事:做一个暖棚

一、小事简介

"做一个暖棚"小事来源于大班"有用的植物"主题。活动时间建议为五周。活动涵盖科学、语言、社会、健康等领域。主要活动目标为:1.制作一个适合不同植物保温的暖棚,提高小组合作、协商解决问题的能力;2.能评价和质疑自己和他人的作品,尊重和接受他人的意见与建议;3.了解暖棚和植物生长之间的关系,有关爱和珍惜植物的意识。其主要经验点为:1.暖棚的质量越好,其保温效果就越明显,但是太过于保温的暖棚,需要进行适当的透气;2.按照一定的制作顺序和方法是完成暖棚的关键;3.并不是所有的植物在寒冷的冬天都适合放进暖棚过冬,而怕冷的植物生长在暖棚中,能起到一定的保护和促进生长的作用。

二、小事方案

"做一个暖棚"活动方案(设计者:张峰)

适合年龄段:5至6岁

基本流程	驱动性问题	活动目标	所需资源	支持性策略	探究经验点	成果个性化表达
做一个暖棚多少钱	1.买一个暖棚需要花多少钱呢 2.做一个暖棚需要注意什么,要花钱吗	1.知道暖棚的结构牢固性、密封性等因素与保温效果之间的关系 2.了解保温效果明显不是评价暖棚好坏的唯一标准 3.尝试利用废旧材料,发挥想象力和创造力设计暖棚	1.平板电脑、相关的暖棚图书等资料 2.有相关种植经验的保育员 3.记号笔、白纸、水彩笔等 4.废旧材料等	1.支持小组合作在网络上查询暖棚相关的视频和图片 2.邀请有经验的保育员向幼儿介绍关于暖棚的一些简单情况 3.支持幼儿寻找和利用材料进行设计制作	1.暖棚的结构牢固性、密封性越好,其保温效果就越好。但是太过于保温也并不适合,还要考虑适当的透气和换气 2.自己设计和制作的暖棚是利用身边的废旧材料再加工利用而成,环保、有个性又省钱	1.自制暖棚设计图纸 2.小组自制设计暖棚的介绍视频

（续表）

基本流程	驱动性问题	活动目标	所需资源	支持性策略	探究经验点	成果个性化表达
小暖棚出厂了	1. 制作暖棚有先后顺序吗 2. 哪些材料和工具能更方便地制作暖棚呢	1. 能选择适宜的材料和工具制作暖棚 2. 乐意与同伴协商并合作,体验制作的乐趣 3. 愿意向他人分享暖棚作品,能尊重和接纳别人不同的意见	1. 材料准备:饮料瓶、长方体纸盒、大纸箱、树枝、PVC 管、纸管、长木条、麻绳、塑料薄膜、泡沫纸等 2. 工具准备:锤子、钉子、钳子、透明胶带、双面胶、热胶枪、压力台、直尺、记号笔、剪刀等 3. 投票板	1. 引导和支持幼儿学会正确使用工具和材料 2. 引导幼儿评价自己和他人的作品,并能对他人的暖棚提出自己的想法或者改进的意见 3. 支持和鼓励幼儿做出自己的选择,为喜欢的作品投票	1. 暖棚制作一般具有一定的先后顺序,需要先量好尺寸,接着搭好暖棚底座,再搭建暖棚骨架并固定,最后盖上薄膜并密封好 2. 正确选择适宜的工具和材料是顺利制作出暖棚的关键	1. 小组的自制暖棚 2. 小组制作暖棚过程中产生的问题集
来自暖棚的温暖	1. 哪些植物需要被放进暖棚呢 2. 用什么方法来记录植物的生长情况呢	1. 了解几种常见的怕冷植物,并能观察、比较暖棚内、外同种植物的生长情况 2. 体会照顾植物的乐趣,感受小暖棚有大作用	1. 植物耐寒属性调查表 2. 养护、观察工具 3. 小暖棚 4. 植物盆栽	1. 支持幼儿调查植物的耐寒属性,协助幼儿设计植物耐寒属性调查表 2. 引导幼儿持续性地对暖棚内、外的同种植物生长情况进行养护、观察和记录	1. 不是所有的植物在冬天都适合放进暖棚。不同种类的植物,其耐寒属性也不相同,比如草莓、小番茄等是怕冷的植物 2. 暖棚对怕冷的植物来说,能起到保护和促进生长的作用	1. 植物耐寒属性的调查结果 2. 幼儿的养护、观察记录本 3. 幼儿调查、养护和观察过程中的驱动性问题集

三、小事实施

活动方案

● 集体学习活动 ●

方案一:暖棚蔬菜多

143

科学、语言	★ ★ ★
健康、社会	★ ★
艺术	★

活动思路:

教师用幼儿喜闻乐见的讲故事方式,使幼儿有兴趣了解暖棚种植的相关经验,进而让幼儿了解暖棚蔬菜的特点、优势以及种植技术,培养幼儿对农业科技的关注和热爱。同时使幼儿体验到暖棚种植技术给人类生活带来的便利。

活动目标:

1. 了解暖棚的温室种植技术可以让人们吃到不同季节的蔬菜。

2. 体验暖棚给我们的生活带来了便利。

活动准备:

1. 经验准备:幼儿对暖棚有一定的了解。

2. 物质准备:PPT 课件等。

活动过程:

1. 谈话导入

引导语:你们和爸爸妈妈都逛过菜场。请说一说菜场里都有哪些蔬菜?

讨论:在菜场里,为什么每个季节的蔬菜都有卖呢?

(价值分析:幼儿根据自己的生活经验进行交流,并启发幼儿对这一问题的积极思考,发散他们的思维。)

2. 聆听故事

引导语:我们一起来听一个有趣的故事,了解一下为什么能吃到每个季节的蔬菜。

教师播放课件:故事"张奶奶买菜"。

关键提问:在这个故事中,张奶奶的想法对吗? 为什么我们的菜场里会有不同季节的蔬菜呢?(幼儿根据已有经验进行交流)

小结:现在有温室种植技术就可以吃到其他季节的蔬菜,所以菜场里能买到反季节的蔬菜也就不奇怪了。温室种植技术为我们的生活提供更多的便利。

(价值分析:通过故事中张奶奶的对话以及直观画面的呈现,引发幼儿积极思考并接受温室种植技术给我们的生活产生了影响。)

3. 温室种植蔬菜多

引导语:我们一起了解下科学的蔬菜种植技术。

播放课件:观看温室种植视频。

提问:我们能不能向他们学习,自己制作出一个暖棚呢? 制作一个简易的暖棚需要些什么样的材料和工具呢?

小结:我们可以利用现成的简易材料和工具制作一个小暖棚。

讨论:暖棚种类有很多,有固定的,也有可移动的;有圆顶形的,也有正方体的;有大的,也有小的。如果让你们设计,你们会设计成什么样的呢?（幼儿小组合作进行）

小结:小组讨论,并根据自己的观察和想象进行创造性地设计。

（价值分析:通过小组协商、讨论,碰撞和激发出思维的火花,迸发出设计创意暖棚的灵感。）

4. 活动延伸

（1）区域活动中延伸:幼儿继续进行小组合作,通过前期调查和收集相关材料,并发挥想象力和创造力设计暖棚,在下次活动进行交流和分享。

（2）家庭中延伸:将设计完成的暖棚设计图带回家,让爸爸妈妈参与讨论,将更棒的想法加进去。

（3）社区中延伸:指导家长带领幼儿实地参观田地里的暖棚。

方案二:做个小暖棚

科学、语言	★★★
社会、健康	★★
艺术	★

活动思路:

幼儿通过小组合作,按照原先设计好的图纸收集材料和挑选适合的工具。在制作暖棚的过程中,一起协商,克服困难和解决问题。最终,让幼儿动手操作和亲身体验,使设计蓝图转化为真实的暖棚。这有效地提升了幼儿的制作水平和经验。

活动目标:

1. 比较各种材料的材质,选择合适的材料尝试拼装暖棚。

2. 乐意与同伴协商合作,按计划书制作暖棚。

活动准备:

1. 物质准备

材料:薄膜、气泡袋、塑料袋、塑料纸、木条、木板、纸板、KT板、纸盒、铁盒、易拉罐、塑料瓶、球杆等。

工具:记号笔、粘贴工具、剪刀、尺、锯子、榔头、钉子、扶钉、钳工台、压力台等。

2. 经验准备:幼儿使用工具和选择材料的经验等。

活动过程:

1. 解读计划书

关键提问:介绍你们小组完善后的"暖棚"制作计划。

小结:每一组小朋友的想法都不一样。如何采用不同的材料来制作暖棚,大家都很认真地进行了思考。

（价值分析：通过反复讨论和完善设计，幼儿对自己的暖棚设计图有了更进一步的认识，这为后续的制作活动打下了基础。）

2. 尝试制作暖棚

（1）幼儿选择材料和工具

（2）尝试组合拼装暖棚

（价值分析：自主选择材料，并与同伴合作完成暖棚的制作。这能增强幼儿的自主性学习能力和合作能力。）

3. 交流分享

（1）介绍作品

引导语：哪个小组先分享一下你们的作品？有什么好的想法给大家学一学？介绍一下你们暖棚最棒的地方。

（2）检验作品

关键提问：这个暖棚出现了什么问题？怎样来改进？

小结：当发现了问题，就要积极动脑筋想办法来改进。

（价值分析：通过各小组之间的相互评价，进一步激发幼儿的思维碰撞，以提升幼儿的学习品质。）

4. 活动延伸

（1）区域活动中延伸：幼儿可以将更富有创意的想法，在个别化学习活动中进行和完善。

（2）家庭中延伸：将未完成的暖棚拍好照片或把实物暖棚带回家，让爸爸妈妈一起出谋划策参与制作和改进。

（3）社区中延伸：教师或家长带领幼儿走访社区中的蔬菜种植达人。

● 个别化学习活动 ●

方案一：暖棚模型组装工

材料：暖棚框架（木条）、连接处卡扣、塑料薄膜、胶水、粘贴工具等。

玩法：

1. 根据经验和观察，组装成暖棚模型。

2. 完成组装后，要逐一检查暖棚框架是否牢固，塑料膜是否覆盖住整个框架。

观察重点：

1. 观察幼儿的手部精细动作，是否能在规定的时间内组装完成。

2. 观察幼儿是否对暖棚的结构和功能有深入的了解。

提示：注意手的卫生和安全。

方案二：植物不怕冷

材料：暖棚、植物种子、现有盆栽植物、养护工具、植物观察记录本等。

玩法：幼儿成立观察小组，进行连续性的观察，并记录植物的生长情况。

观察重点：

1. 观察暖棚内、外同一种子的长势情况以及能否发现暖棚具有保温的效果。

2. 幼儿的观察、记录能力，能否在持续、细致的观察中得到一定的提升。

提示：在观察过程中，提醒幼儿注意安全，特别是使用养护工具时。

四、小事分享

冬日小暖棚

在天气热的时候，孩子们知道保护植物的一些办法，比如把它们搬到阴凉处，浇水来补充水分和降温。但是随着秋收的落幕，冬天不约而至。大(4)班孩子们的种植角日渐萧条，最受孩子们喜爱的盆栽草莓的叶子和盆栽番茄苗被冻得垂下了"脑袋"，这使得孩子们心中难免有些失落的情绪。当孩子们面对天气转冷时，他们会发现自然角植物的生长变化吗？他们是否会采取相应的办法来保护它们？

片段一：引发问题

"为什么我们种的植物枯萎了？""我们要怎么保护它？"我带着大(4)班小朋友们保护蔬菜的愿望，组织了一次讨论和交流。

在讨论中，孩子们说出了自己的想法，于是一场保护植物的行动开始了……

西西说："我觉得它是因为没有喝够水才会枯萎的。"

琪琪："我给它浇了很多水。它喝水非常快，一下子就喝完了。"

小轩："我觉得它太冷了，被冻死了。"

思思："我家有很多蔬菜。它们被种在大棚里，没有被冻死。"

涵涵："我们给它搭个家吧。这样，它就不会被冻死了。"

……

孩子们各抒己见，有经验的孩子提出了温室种植的好办法。于是他们决定给停止生长的草莓、番茄等植物搭起小暖棚，让他们在冬天继续生长。

我的识别与思考：

1. 幼儿对现象产生好奇心

班级自然角中，植物萧条凋零的现象引发了孩子们的好奇心。他们好奇为什么天一冷，植物就凋零了。于是，一场植物保卫战就此拉开帷幕。孩子们纷纷为怎么保护好植物建言献策。

2. 幼儿具有探索问题的兴趣

孩子们对怎样保护这些植物展开了激烈的讨论，有说要多浇水，又有说多浇水会死得更快,还有说不如盖个暖棚,他家里蔬菜地就有暖棚。从他们的讨论中,我发现孩子们的探索兴趣正在被激发。

片段二:参观小菜园里的暖棚

在植物被冻得垂下了"脑袋"之后,孩子们发现在每次户外活动时,总能看见中班楼后面的小菜园里有大棚。小轩特别好问:"老师,为什么这些绿色的青菜没有枯萎?""为什么它们要种在白色的棚子里面?""我们可不可以进去看一看大棚到底是什么样子的?"

基于孩子们的需求,我们一起去大棚探究了一番。小轩一直在仔细地观察,他发现生长在暖棚里的幼苗和我们在班级里自然角种的幼苗不一样。它没有枯萎,叶子非常绿。同时,我们还请到了保育员徐老师。徐老师是这个大棚的搭建者。她给孩子们介绍了大棚的构造特点:"小朋友们看到的大棚是用PVC管子搭建的,虽然搭建比较简便,但是功能和外面的大棚是一样的,中间再用管子支撑起来,会让它更加牢固。最重要的是,在寒冷的冬天,它起到了保暖的作用,使植物们不会受冻。"经过徐老师的一番介绍,孩子们坚定了要亲手制作暖棚的决心。

除此之外,我们还鼓励家长带幼儿去暖棚基地体验采摘的乐趣,进一步让幼儿感受暖棚的作用,并在参观体验的过程中,进一步积累关于暖棚的相关经验。

大(4)班的小宝在元旦和爸爸妈妈一起去草莓大棚体验了采草莓活动,回来后和班上的小朋友进行了交流。

小宝:"一走进暖棚就感觉好暖和,我就把羽绒服脱掉了。"

西西:"那暖棚里面的草莓会觉得太热了吗?"

琪琪:"草莓会不会热坏了,就不能吃了?"

小宝:"不会的,草莓怕冷,在暖和的地方才能生长得更好。"

小朋友们都觉得暖棚太不可思议了。

我的识别与思考:

1. 幼儿积累了更加直观的体验和感受

幼儿通过亲自参观暖棚和采摘活动,对暖棚有了更进一步的认识,包括对暖棚的构造和用途的认识,为后续活动的开展积累了相关的经验。

2. 进一步激发了幼儿制作暖棚的欲望

幼儿在与其他幼儿分享了采摘体验后,使得大家进一步感受到了暖棚的神奇,这激发了孩子们去亲手制作暖棚的强烈欲望。

片段三:设计一个小暖棚

小朋友们迫不及待地回到班级,想要为自然角的植物宝宝设计一个小暖棚。到底用什么材料好呢? 要设计什么形状的呢? 一个个问题出现在了孩子们脑中。经过讨论,大家决定一起为植物制作暖棚。于是,他们根据自己的设想进行了分组。

琪琪:"我们找来了许多的树枝。要先制作出一个框架,然后铺上一层塑料膜。"

西西:"我和小轩打算用木条来制作。木制的暖棚非常坚固,放在班级外边,刮大风都不会被吹跑。"

思思:"我们打算用长长的竹竿来制作,有点像帐篷。这样,暖棚里面就可以放很多的植物宝宝了。"

小宝:"我要用我家的塑料积木来搭一个暖棚,还要做得大一点,能够放下三盆植物。"

……

孩子们经过小组讨论,大致的设计想法产生了。于是,他们把想法落在纸上,一张张暖棚设计图就形成了。

第二天,孩子们就来到幼儿园的科技操作室进行制作。

西西和小轩用木条制作暖棚的框架。小轩说:"要先制作一个底座。"只见他一手拿着钉子,一手拿着榔头就开始做起来了。但是,他遇到了问题,在刚开始钉子老是会敲歪。而他没有放弃,继续进行尝试。有位小朋友说:"要不我帮你扶着吧。"小轩说:"我怕会敲到你的手,还是我自己一个人来吧。你们只要帮我扶着木头就可以了。"慢慢地,他进行了调整,一开始先慢慢用力,敲进去一点之后,再使大一点的力气,果然就把钉子给敲进去了。

琪琪组采用了经过加工过的细树枝作为骨架。他们相互合作,有问题就相互商量,比如选择什么材料来固定。经过讨论,他们发现扭扭棒这种材料就特别适合。

思思组选择了利用了长竹竿作为主材料。他们说:"竹竿用来作为暖棚的框架,气泡袋是暖棚的外衣,麻绳是用来绑住竹竿的。"

经过两周时间的努力,一个个小小的暖棚正式出厂。孩子们可高兴了。他们通过分享交流,各自评价其他小组的作品,还提出了改进的建议。最后,大家投票选出了最受欢迎的暖棚。

我的识别与思考:

1. 幼儿具有一定的创造力

通过孩子们之间的交流,我发现孩子们对制作暖棚有着自己的想法和制作的思路。他们想用不同的材料、不同的造型,这说明孩子们的想象力很丰富。

2. 幼儿具有初步的辩证思维

孩子们在制作完暖棚后,并没有就此结束,他们会相互欣赏作品,并对对方的暖棚提出他们的建议,也会评价各自的暖棚。孩子们相互评价、相互提升,具有了初步的辩证思维。

五、案例启示

(一) 进一步注重真实的情境,促发幼儿探索与经历之间的联系

《幼儿园教育指导纲要(试行)》指出:"科学教育要引导幼儿对身边常见事物和现象的

特点、变化规律产生兴趣和探究的欲望。"自然角的环境变化能激发幼儿的学习兴趣,丰富幼儿的学习经历,也能改变幼儿的学习方式,提高幼儿的学习能力。于是,我及时捕捉了孩子们对自然角中的植物在寒冷的冬天出现凋零这一现象的好奇,设计并引发出一连串的真实问题。这些小小的疑问激起了幼儿的兴趣和探索的欲望,并为后续幼儿的深入探索创设出了真实的学习环境。我们要做的就是为幼儿提供能进行探究活动的环境来满足幼儿的学习需要,让幼儿自主观察,去发现暖棚中的植物是凋零了,还是生机盎然。真实的体验能顺其自然地促使幼儿探索这些现象与生活经历之间的联系。

（二）进一步注重真实的体验,促发幼儿直观的感受

教育学家陈鹤琴先生说过:"大自然、大社会才是活的书、直接的书,应该向大自然、大社会学习。"幼儿期是健康情感的奠基期,也是情感教育的黄金期。通过带领孩子们进行实地参观或活动体验,能够让孩子们在大自然中增长知识,开阔眼界,启迪智慧,丰富学习生活。如通过亲子活动,让幼儿进一步对暖棚有了更直观的认识;通过采摘草莓活动,不仅让幼儿体验了劳动,更是在实践中积累了相关的种植和植物生长习性的经验,了解到暖棚对于草莓或其他植物的作用,进而激发幼儿去制作暖棚来照顾在自然角中不耐寒植物的欲望,从而发展幼儿的情感,培养他们的社会行为。

（三）进一步注重真实的操作,提升幼儿动手制作能力

《幼儿园教育指导纲要（试行）》指出:"指导幼儿利用身边的物品或废旧材料制作玩具、手工艺品等来美化自己的生活或开展其他活动。为幼儿创设展示自己作品的条件,引导幼儿相互交流,相互欣赏,共同提高。"幼儿通过亲手制作暖棚,选择适合的材料和适宜的工具进一步改进和完善暖棚,来不断提高自己的制作水平。不断调整和改进制作暖棚的过程,一方面促进了幼儿逻辑思维的发展,起到了促进其大脑的发育和活跃思维的作用;另一方面培养了幼儿爱自然、爱环境的优秀品格。

后　记

社会在不断进步,幼儿科技教育也在不断发展。驻足不前,只会故步自封。那幼儿科技教育的发展方向在何处呢?我认为可以从以下几个方面进行思考:

一是提供多样化的科技教育资源。除了幼儿科技创新操作室、广阔的自然田野和教师自己设计的纸质资料外,数字化教育资源也将会成为幼儿科技教育中的普及教育手段。在未来,我们可以采用多媒体教学、VR 全景教学等数字技术工具,把幼儿带到他们想去又无法去的地方。如运用 VR 全景教学将幼儿带到白垩纪时期,在互动、趣味、多样化的环境中,去探索恐龙灭绝的真相。这无疑是现在的我们所不能实现的。

二是构建智能化的教育体系。在未来,我们可以将智慧教育模式应用在幼儿科技教育中,让教育机器人带给孩子们更为个性化的指导。如我们在带领幼儿做板凳时,教师是无法监控到所有人的。当幼儿对做板凳存在问题时,机器人就可以代替教师给幼儿更有针对性的讲解。同时,在田野探究中,由于空间的广阔,当幼儿发生突发情况时,教师可能不能第一时间赶到,这时候机器人就会发挥作用,制止幼儿的危险行为。

三是促进教师积累科技教育的实践经验。想要提升幼儿园科技教育水平,教师本身进行理论知识积累并不断提升实践技巧是十分必要的。教师应该具备规范科学的教育理念,对幼儿教育的相关理论知识有一定程度的掌握。在实施科技教育活动时,应该将理论与实际相结合,让幼儿获得真正有用的技能和知识。

四是选择科技教育的内容必须体现时代性。"科技兴国"是百年大计。幼儿园时期是培育未来人才的奠基阶段。幼儿园同样肩负着为未来培养人才的重任。所以,幼儿科技教育应充分考虑时代对教育的要求,把时代精神贯穿于科技教育始终。对幼儿科技教育而言,高科技是否就可以不涉及呢?答案是否定的。因为,高科技也有浅层的、幼儿可以理解的成分。幼儿可以通过适当的途径(如参观、看声像资料),获取大量的科技信息。

五是幼儿科技教育的内容必须建立在幼儿经验的基础上。陶行知先生主张"生活即教育",也就是说教育的内容来源于生活。同时,《3—6 岁儿童学习与发展指南》中明确指出:"幼儿的学习是以直接经验为基础的,所以幼儿科技教育应密切联系幼儿的实际生活进行,利用身边的事物与现象作为科学探索的对象。"对成年人来说,经验(无论是直接的,还是间接的)都非常丰富,并且已经有一套比较完善的可以接受外界新知识的系统。但对孩子而言,他们的经验主要来源于生活的直接感受和体验。由于孩子不像成人那样拥有一套可以间接接受外界新知识的系统,所以孩子们的学习方法主要是把新的知识与过去的体验相互比较后接受和吸收。对幼儿进行科技教育,并不是要求幼儿了解科技中深奥的概念原理,而是让幼儿认识自己身边所看、所接触到的、简单易懂的科技产品,体会科学技术对我们生活的重大影响。因此,选择的科技教育内容要贴近幼儿的生活,幼儿看到的、听到的、用到的、能理解的科学与技术都可成为幼儿园的教育内容,从而让幼儿感受到科技的魅力。

图书在版编目（CIP）数据

自然唤醒童心：科技燃亮未来 / 尹欢华著. — 上
海：上海教育出版社，2024.3
ISBN 978-7-5720-2561-7

Ⅰ.①自… Ⅱ.①尹… Ⅲ.①科学知识－学前教育
－教学参考资料 Ⅳ.①G613.3

中国国家版本馆CIP数据核字(2024)第058865号

责任编辑　章琢之
美术编辑　金一哲

自然唤醒童心：科技燃亮未来
尹欢华　著

出版发行　上海教育出版社有限公司
官　　网　www.seph.com.cn
地　　址　上海市闵行区号景路159弄C座
邮　　编　201101
印　　刷　上海盛通时代印刷有限公司
开　　本　787×1092　1/16　印张 10
字　　数　212 千字
版　　次　2024年12月第1版
印　　次　2024年12月第1次印刷
书　　号　ISBN 978-7-5720-2561-7/G·2255
定　　价　80.00 元

如发现质量问题，读者可向本社调换　电话：021-64373213